Autismus Bei Erwachsenen Frauen

Barrieren abbauen, Stärken aufbauen und ein
Leben voller Sinn und Bedeutung schaffen

Davis P. Atkinson

Inhalt

Kapitel 1

Autismus bei erwachsenen Frauen verstehen

Die einzigartige Darstellung von Autismus bei Frauen

Unterschiede in der Diagnose und Symptomdarstellung

Die Autismus-Spektrum-Störung (ASD) galt lange Zeit als vorwiegend männliche Erkrankung, doch neuere Forschungen und wachsendes Bewusstsein haben Aufschluss darüber gegeben, dass sie in erheblichem Maße bei Frauen auftritt. Die diagnostischen Kriterien für Autismus basierten in der Vergangenheit auf Studien, die sich auf Männer konzentrierten, was zu einer weit verbreiteten Unterdiagnose bei Frauen führte. Frauen mit Autismus präsentieren sich oft anders als ihre männlichen Kollegen, was ihre Symptome für Gesundheitsdienstleister und sogar für sie selbst verschleiern kann.

Ein wesentlicher Unterschied liegt in den Sozialisationsmustern von Frauen. Schon in jungen Jahren werden Mädchen oft dazu erzogen, fürsorglicher, kommunikativer und emotional ausdrucksstärker zu sein. Diese soziale Konditionierung kann es vielen autistischen Frauen ermöglichen, ausgefeilte Bewältigungsmechanismen und Maskierungsverhaltensweisen zu entwickeln, um sich anzupassen. Sie können das soziale Verhalten ihrer Altersgenossen akribisch beobachten und nachahmen, was sowohl eine Überlebensstrategie als auch eine Quelle immensen persönlichen Stresses sein kann. Beispielsweise könnte eine autistische Frau lernen, Blickkontakt aufrechtzuerhalten oder sich auf Smalltalk einzulassen, obwohl sie sich unwohl oder unverbunden fühlt, und so der Entdeckung zu entgehen.

Darüber hinaus können die Interessen autistischer Frauen von den stereotypen „eingeschränkten und sich wiederholenden Interessen" der Männer abweichen. Während sich ein autistischer Mann möglicherweise stark auf Themen wie Züge oder Computer konzentriert, konzentrieren sich Frauen möglicherweise auf gesellschaftlich akzeptablere

Bereiche wie Literatur, Kunst oder Tiere. Diese Interessen erscheinen oft weniger auffällig und entsprechen eher den gesellschaftlichen Erwartungen, was zu den geschlechtsspezifischen Ungleichheiten bei der Diagnose beiträgt.

<u>Missverständnisse und Stereotypen</u>

Falsche Vorstellungen über Autismus verschärfen die diagnostischen Herausforderungen, mit denen Frauen konfrontiert sind. Ein weit verbreitetes Stereotyp ist, dass sich Autismus in einem Mangel an Empathie oder der Unfähigkeit äußert, sinnvolle Beziehungen aufzubauen. Viele autistische Frauen zeigen jedoch ein tiefes Mitgefühl und bauen, wenn auch nur wenige, tiefe Beziehungen auf. Ihre emotionalen Erfahrungen können intensiv und tief verinnerlicht sein und werden oft eher als Schüchternheit oder Introvertiertheit als als Autismus missverstanden.

Ein weiteres Klischee besagt, dass Autismus bei Frauen selten sei. Dieser Glaube beruht auf veralteten Daten und verstärkt den Kreislauf von Unter- und Fehldiagnosen. Wenn Frauen Hilfe suchen, können ihre Symptome auf andere Erkrankungen wie Angstzustände, Depressionen oder Persönlichkeitsstörungen zurückgeführt werden, was zu einer unzureichenden Behandlung und Unterstützung führt.

Pädagogen und Kliniker erkennen diese Nuancen nun und plädieren für überarbeitete Diagnosekriterien, die die unterschiedlichen Erscheinungsformen von Autismus bei allen Geschlechtern erfassen. Durch die Anerkennung dieser Unterschiede kann die medizinische Gemeinschaft ihre Fähigkeit verbessern, autistische Frauen zu erkennen und zu unterstützen und sicherzustellen, dass sie das Verständnis und die Unterstützung erhalten, die sie benötigen.

Spätdiagnose und ihre Auswirkungen

<u>Herausforderungen und Linderung einer späten Diagnose</u>

Für viele Frauen kann die Diagnose Autismus im späteren Leben ein zweischneidiges Schwert sein. Einerseits bringt es ein tiefes Gefühl der Erleichterung und Bestätigung mit sich. Diese Frauen fühlten sich möglicherweise jahrelang auf unerklärliche Weise anders und kämpften mit sozialen Interaktionen, sensorischen

Empfindlichkeiten und intensiven Interessen, ohne zu verstehen, warum. Eine Diagnose bietet einen Rahmen für die Interpretation ihrer Erfahrungen und bietet Klarheit und ein Gefühl der Zugehörigkeit zu einer Gemeinschaft ähnlich neurodiverser Individuen.

Andererseits kann eine späte Diagnose mit Herausforderungen verbunden sein. Autistische Frauen kämpfen oft mit den emotionalen Folgen verpasster Chancen und missverstandener Erfahrungen. Sie reflektieren möglicherweise mit einer Mischung aus Bedauern und Traurigkeit über ihre Vergangenheit und erkennen, dass ihr Leben mit früherem Verständnis und Unterstützung anders hätte verlaufen können. Darüber hinaus stehen sie vor der Aufgabe, diese neue Identität in ihr etabliertes Selbstverständnis zu integrieren, was sowohl befreiend als auch überwältigend sein kann.

<u>Navigieren durch Emotionen und Reaktionen</u>

Der Weg zu einer Spätdiagnose von Autismus ist zutiefst persönlich und emotional komplex. Frauen erleben oft ein Spektrum an Emotionen, von Freude und Ermächtigung bis hin zu Trauer und Wut. Freude entsteht, wenn man endlich eine Erklärung für lebenslange Kämpfe hat, und Ermächtigung entsteht durch den Zugang zu geeigneten Ressourcen und Unterstützung. Die Trauer um die Zeit, die durch Missverständnisse und Fehldiagnosen verloren gegangen ist, kann jedoch zu Trauer führen, und die Wut könnte sich auf ein Gesundheitssystem richten, das ihre Bedürfnisse nicht erkannt hat.

Familie und Freunde spielen bei diesem Übergang eine entscheidende Rolle. Ihre Reaktionen können erheblichen Einfluss darauf haben, wie sich Frauen an ihre Diagnose anpassen. Unterstützende Angehörige, die verstehen und sich anpassen wollen, können einen großen Unterschied machen und eine positive Anpassung fördern. Umgekehrt kann Skepsis oder Ablehnung seitens der Menschen um sie herum zu Gefühlen der Isolation und Frustration führen.

Auch das Navigieren im beruflichen Umfeld stellt besondere Herausforderungen dar. Autistische Frauen müssen möglicherweise ihre Diagnose dem Arbeitgeber mitteilen, um die notwendigen Vorkehrungen zu treffen. Dieser Prozess erfordert sorgfältige Überlegung und Mut. Um ein unterstützendes Arbeitsumfeld zu schaffen, ist es wichtig, ihre gesetzlichen Rechte zu verstehen und für sich selbst einzutreten.

Zusammenfassend lässt sich sagen, dass das Verständnis von Autismus bei erwachsenen Frauen das Erkennen der einzigartigen Erscheinungsformen und der erheblichen Auswirkungen einer späten Diagnose erfordert. Indem wir Stereotypen hinterfragen und ein unterstützendes Umfeld fördern, können wir sicherstellen, dass autistische Frauen die Anerkennung und Unterstützung erhalten, die sie verdienen. Ziel dieses Kapitels ist es, Licht auf diese Nuancen zu werfen und eine Grundlage für die weitere Erforschung und das Verständnis in den folgenden Kapiteln zu schaffen.

Kapitel 2

Die diagnostische Reise

Erkennen der Zeichen

<u>Gemeinsame Merkmale und Verhaltensweisen bei erwachsenen Frauen</u>

Das Erkennen der Anzeichen von Autismus bei erwachsenen Frauen kann aufgrund der Subtilität und Variabilität der Symptome eine Herausforderung sein. Im Gegensatz zu den offenkundigeren Verhaltensweisen, die häufig bei autistischen Männern beobachtet werden, können bei Frauen Merkmale auftreten, die leicht übersehen oder mit Persönlichkeitsmerkmalen verwechselt werden. Das Verständnis dieser gemeinsamen Merkmale und Verhaltensweisen ist entscheidend für die Selbstwahrnehmung und die Suche nach angemessener Hilfe.

Viele autistische Frauen weisen ein hohes Maß an Empathie und emotionaler Sensibilität auf. Im Gegensatz zum Klischee autistischer Individuen, denen es an Empathie mangelt, empfinden diese

Frauen oft tiefe Emotionen und können sich gut auf die Gefühle anderer einstellen. Diese Sensibilität kann jedoch überwältigend sein und zu emotionalem Burnout und sozialer Müdigkeit führen. Soziale Interaktionen, insbesondere in Gruppenumgebungen, können anstrengend und angstauslösend sein und das Bedürfnis nach Einsamkeit zum Aufladen wecken.

Kommunikationsherausforderungen sind ein weiteres Kennzeichen. Autistische Frauen haben möglicherweise Schwierigkeiten mit den Nuancen sozialer Interaktionen, etwa dem Lesen der Körpersprache, dem Verstehen von Sarkasmus oder dem Aufrechterhalten des Gesprächsflusses. Möglicherweise fällt es ihnen schwer, sich im Smalltalk zurechtzufinden, und sie bevorzugen tiefgründige, bedeutungsvolle Diskussionen. Ihr Sprachverhalten könnte als förmlich oder pedantisch empfunden werden, und sie könnten dazu neigen, ausführlich über interessante Themen zu sprechen, wobei ihnen manchmal soziale Hinweise entgehen, die Desinteresse des Zuhörers signalisieren.

Intensiver Fokus und Leidenschaft für bestimmte Interessen sind gemeinsame Merkmale. Diese

Interessen können sehr unterschiedlich sein, von künstlerischen Aktivitäten bis hin zu akademischen Fächern, und vermitteln oft ein tiefes Gefühl der Zufriedenheit und des Fachwissens. Eine solch intensive Konzentration kann jedoch dazu führen, dass es schwierig wird, die Aufmerksamkeit auf andere Aufgaben zu lenken, was von anderen als Unflexibilität oder Sturheit wahrgenommen werden kann.

Auch sensorische Empfindlichkeiten spielen eine bedeutende Rolle. Viele autistische Frauen reagieren überempfindlich auf Umweltreize wie helles Licht, laute Geräusche, starke Gerüche oder bestimmte Texturen. Diese Empfindlichkeiten können Unbehagen und Stress hervorrufen und zu Vermeidungsverhalten oder der Notwendigkeit sensorischer Anpassungen wie Kopfhörer mit Geräuschunterdrückung oder dem Tragen weicher, bequemer Kleidung führen.

Selbsteinschätzung und Suche nach professioneller Hilfe

Das Erkennen dieser Merkmale an sich selbst ist der erste Schritt zum Verständnis und zur Suche nach Hilfe. Viele Frauen erkennen ihre autistischen

Merkmale durch online verfügbare Selbsteinschätzungstools wie den Autism Spectrum Quotient (AQ) oder den RAADS-R (Ritvo Autism and Asperger Diagnostic Scale – überarbeitet). Diese Tools liefern eine erste Indikation, ersetzen jedoch nicht eine professionelle Diagnose.

Sobald mögliche Anzeichen von Autismus erkannt werden, besteht der nächste Schritt darin, professionelle Hilfe in Anspruch zu nehmen. Es ist von entscheidender Bedeutung, einen Gesundheitsdienstleister zu finden, der Erfahrung in der Diagnose von Autismus bei Erwachsenen, insbesondere bei Frauen, hat. Gute Anlaufstellen sind Allgemeinmediziner, Psychologen und Psychiater, die sich auf neurologische Entwicklungsstörungen spezialisiert haben. Frauen sollten bereit sein, ihre Entwicklungsgeschichte, ihr aktuelles Verhalten und alle spezifischen Herausforderungen, mit denen sie konfrontiert sind, zu besprechen.

Die Entscheidung, eine Diagnose zu stellen, kann aus Angst vor Stigmatisierung oder Unglauben anderer entmutigend sein. Der Erhalt einer formellen Diagnose kann jedoch Türen zu Verständnis,

Selbstakzeptanz und Zugang zu Ressourcen und Unterstützung öffnen. Es bietet einen Rahmen für die Interpretation vergangener Erfahrungen und eine Erklärung für lebenslange Kämpfe, die zutiefst bestätigend und befreiend sein können.

Der Diagnoseprozess

<u>Was Sie bei Bewertungen erwarten können</u>

Der Diagnoseprozess umfasst in der Regel mehrere Schritte und kann je nach Gesundheitsdienstleister und Region leicht variieren. Zunächst erfolgt eine umfassende Beurteilung, einschließlich eines ausführlichen Gesprächs über die individuelle Entwicklungsgeschichte, aktuelle Symptome und alltägliche Herausforderungen. Dieses Interview beinhaltet oft Beiträge von Familienmitgliedern oder engen Freunden, die zusätzliche Einblicke in das Verhalten und die Geschichte der Person geben können.

Psychologische Gutachten sind ein zentraler Bestandteil des Diagnoseprozesses. Diese Beurteilungen können standardisierte Tests umfassen, die kognitive Fähigkeiten, Sprachkenntnisse und sozial-emotionale Funktionen messen. Der Arzt kann Diagnosetools verwenden, die speziell für Autismus entwickelt wurden, wie z. B. den Autism Diagnostic Observation Schedule (ADOS) und das Autism Diagnostic Interview-Revised (ADI-R). Diese Tools helfen dabei, Verhaltensweisen und Merkmale zu identifizieren, die mit Autismus vereinbar sind.

Während der Beurteilung beobachtet der Kliniker das Verhalten, den Kommunikationsstil und die sozialen Interaktionen der Person. Sie können die Person bitten, ihre Erfahrungen in verschiedenen Umgebungen wie Schule, Arbeit und sozialem Umfeld zu beschreiben. Für den Einzelnen ist es wichtig, so ehrlich und detailliert wie möglich zu sein, da maskierendes Verhalten die wahre Natur seiner Herausforderungen verschleiern kann.

Diagnosekriterien und -tools verstehen

Die diagnostischen Kriterien für Autismus sind im Diagnostic and Statistical Manual of Mental Disorders (DSM-5) beschrieben. Die DSM-5-Kriterien konzentrieren sich auf anhaltende Defizite in der sozialen Kommunikation und Interaktion sowie eingeschränkte, sich wiederholende Verhaltens-, Interessen- oder

Aktivitätsmuster. Diese Symptome müssen bereits in der frühen Kindheit vorhanden sein und zu erheblichen Beeinträchtigungen in sozialen, beruflichen oder anderen wichtigen Funktionsbereichen führen.

Ärzte verwenden Tools wie ADOS und ADI-R, um Daten zu sammeln, die diesen Kriterien entsprechen. Das ADOS umfasst strukturierte Aktivitäten und soziale Situationen, die darauf abzielen, Verhaltensweisen im Zusammenhang mit Autismus hervorzurufen. Es hilft dem Kliniker, Kommunikationsfähigkeiten, soziale Interaktionen und den spielerischen oder fantasievollen Einsatz von Materialien zu beobachten. Das ADI-R ist ein strukturiertes Interview, das mit einer Pflegekraft oder der Person selbst durchgeführt wird und verschiedene Aspekte der Entwicklung und des Verhaltens abdeckt.

Das Verständnis dieser Diagnosetools und -kriterien kann den Prozess für Personen, die eine Diagnose stellen möchten, entmystifizieren. Es wird betont, dass Autismus ein Spektrum mit einer breiten Palette an Erscheinungsformen und Schweregraden ist. Frauen können feststellen, dass ihre Erfahrungen durch diesen strukturierten und gründlichen Prozess bestätigt werden, was zu mehr Selbstbewusstsein und Selbstbestimmung führt.

Zusammenfassend lässt sich sagen, dass das Erkennen der Anzeichen von Autismus bei erwachsenen Frauen und das Verständnis des diagnostischen Weges für eine genaue Identifizierung und Unterstützung von entscheidender Bedeutung sind. Wenn Frauen sich gemeinsamer Merkmale und Verhaltensweisen bewusst werden und wissen, was sie bei der Beurteilung erwartet, können sie den Diagnoseprozess mit Zuversicht und Klarheit angehen. Dieses Kapitel soll einen umfassenden Leitfaden für die Bewältigung dieser Reise bieten, ein tieferes Verständnis von Autismus bei Frauen fördern und die Selbstvertretung fördern.

Kapitel 3

Barrieren überwinden

Soziale Herausforderungen meistern

Navigieren in sozialen Interaktionen und Beziehungen

Soziale Interaktionen und Beziehungen sind für autistische Frauen oft entmutigende Gebiete, voller Herausforderungen, die zu Gefühlen der Isolation und des Missverständnisses führen können. Diese Herausforderungen resultieren aus Schwierigkeiten beim Lesen sozialer Signale, beim Verstehen unausgesprochener Regeln und beim Umgang mit sensorischen Empfindlichkeiten. Trotz dieser Hindernisse entwickeln viele autistische Frauen Strategien, um soziale Situationen effektiv zu meistern und sinnvolle Beziehungen und soziale Erfüllung zu fördern.

Das Navigieren in sozialen Interaktionen beginnt mit Selbstbewusstsein und Akzeptanz. Es ist von entscheidender Bedeutung, die individuellen sozialen Herausforderungen und Stärken eines

Menschen zu erkennen. Autistische Frauen profitieren oft davon, wenn sie verstehen, dass ihre Schwierigkeiten im sozialen Umfeld keine persönlichen Fehler sind, sondern vielmehr Aspekte ihrer neurologischen Verfassung. Dieses Selbstbewusstsein kann Selbstkritik reduzieren und das Vertrauen in soziale Umgebungen stärken.

Die Entwicklung eines Skripts für alltägliche soziale Situationen kann äußerst hilfreich sein. Skripte bieten einen strukturierten Ansatz für Gespräche und reduzieren Ängste, indem sie die Unsicherheit darüber beseitigen, wie man reagieren soll. Wenn Sie beispielsweise bei einem geselligen Beisammensein eine Reihe von Fragen stellen können oder wissen, wie Sie sich in verschiedenen Kontexten vorstellen können, können Interaktionen reibungsloser verlaufen. Diese Skripte können an persönliche Kommunikationsstile angepasst und mit der Übung weiterentwickelt werden.

Der Aufbau von Beziehungen erfordert Verständnis und Akzeptanz in sozialen Kreisen. Autistischen Frauen fällt es möglicherweise leichter, mit Menschen in Kontakt zu treten, die ähnliche Interessen oder Werte teilen. Der Beitritt zu Clubs,

Gruppen oder Online-Communities, die sich auf bestimmte Hobbys oder Anliegen konzentrieren, kann ein Zugehörigkeitsgefühl vermitteln und den Druck verringern, sich an die gängigen gesellschaftlichen Normen anzupassen. Diese Umgebungen bieten oft vorhersehbarere und strukturiertere soziale Interaktionen, die weniger überwältigend sein können.

Eine weitere wirksame Strategie besteht darin, aktiv zuzuhören und klar zu kommunizieren. Aktives Zuhören bedeutet, sich voll und ganz auf den Sprecher zu konzentrieren, seine Botschaft zu verstehen und nachdenklich zu antworten. Diese Technik hilft autistischen Frauen, sich effektiver an Gesprächen zu beteiligen und eine Beziehung zu anderen aufzubauen. Klare Kommunikation hingegen bedeutet, sich direkt und eindeutig auszudrücken und so das Risiko von Missverständnissen zu verringern.

Soziale Herausforderungen erstrecken sich auch auf den Umgang mit sensorischen Empfindlichkeiten in sozialen Umgebungen. Überfüllte Orte, laute Geräusche und helles Licht können belastend sein. Das Erkennen und Vermeiden sensorischer Auslöser oder die Verwendung sensorischer Hilfsmittel wie Kopfhörer mit Geräuschunterdrückung oder getönter Brillen können soziale Interaktionen einfacher gestalten. Die Kommunikation sensorischer Bedürfnisse an Freunde und Bekannte hilft ihnen, diese Bedürfnisse zu verstehen und zu erfüllen.

<u>Strategien zur Verbesserung sozialer Kompetenzen</u>

Die Verbesserung sozialer Fähigkeiten ist ein kontinuierlicher Prozess, der das Erlernen, Üben und Verfeinern verschiedener Techniken erfordert. Eine wirksame Methode ist das Training sozialer Kompetenzen, das einzeln oder in Gruppen durchgeführt werden kann. Trainingsprogramme für soziale Kompetenzen konzentrieren sich auf die Vermittlung spezifischer Fähigkeiten wie das Starten und Aufrechterhalten von Gesprächen, das Erkennen sozialer Signale und den Umgang mit sozialen Konflikten. Diese Programme verwenden häufig Rollenspielübungen, um reale Situationen zu simulieren und so einen sicheren Raum zum Üben und Feedback zu bieten.

Ein weiterer wertvoller Ansatz ist die Suche nach einer Therapie, beispielsweise einer kognitiven Verhaltenstherapie (CBT) oder einem sozialkognitiven Training. Therapeuten können autistischen Frauen dabei helfen, personalisierte Strategien zur Verbesserung der sozialen Funktionsfähigkeit zu entwickeln. CBT kann beispielsweise dabei helfen, negative Gedankenmuster im Zusammenhang mit sozialen Interaktionen zu erkennen und zu ändern und so positivere und effektivere Verhaltensweisen zu fördern.

Mentoring und Peer-Unterstützung spielen ebenfalls eine wichtige Rolle bei der Verbesserung der sozialen Kompetenzen. Mentoren, die Autismus verstehen, können Anleitung, Ermutigung und praktische Ratschläge zur Bewältigung sozialer Situationen geben. Peer-Selbsthilfegruppen bieten ein Gemeinschaftsgefühl und gemeinsame Erfahrungen und ermöglichen es autistischen Frauen, voneinander zu lernen und Vertrauen in ihre sozialen Fähigkeiten aufzubauen.

Schließlich kann die Teilnahme an Aktivitäten, die von Natur aus soziale Interaktion beinhalten, dazu beitragen, soziale Fähigkeiten auf weniger erzwungene Weise zu verbessern. Freiwilligenarbeit, die Teilnahme an Workshops oder die Teilnahme an

Mannschaftssportarten oder künstlerischen Unternehmungen bieten Möglichkeiten für organisches soziales Engagement. Diese Aktivitäten verfügen oft über integrierte Strukturen und Rollen, wodurch soziale Erwartungen klarer und Interaktionen weniger einschüchternd wirken.

Bewältigung von Beschäftigungs- und Karrierehindernissen

Passende Arbeitsumgebungen finden

Beschäftigung und Karriereentwicklung stellen autistische Frauen vor besondere Herausforderungen, aber mit den richtigen Strategien und der richtigen Unterstützung können sie ein erfüllendes und geeignetes Arbeitsumfeld finden. Der erste Schritt zur Überwindung von Beschäftigungshindernissen besteht darin, die eigenen Stärken, Interessen und sensorischen Bedürfnisse zu verstehen. Dieses Selbstbewusstsein lenkt die Jobsuche auf Rollen und Arbeitsplätze, die den persönlichen Vorlieben und Fähigkeiten entsprechen.

Autistische Frauen gedeihen oft in strukturierten Umgebungen mit klaren Erwartungen und vorhersehbaren Routinen. Besonders geeignet können Stellen sein, bei denen es um detailliertes, aufgabenorientiertes Arbeiten geht. Rollen in Bereichen wie Informationstechnologie, Forschung, Schreiben und Kunst bieten oft die notwendige Struktur und Möglichkeiten für eine tiefe Konzentration. Die Identifizierung von Unternehmen, die für ihre integrativen Praktiken und ihr Engagement für Vielfalt bekannt sind, kann ein guter Ausgangspunkt für die Suche nach unterstützenden Arbeitsumgebungen sein. Viele Organisationen erkennen mittlerweile den Wert der Neurodiversität und versuchen aktiv, Arbeitsplätze zu schaffen, die unterschiedlichen neurologischen Profilen gerecht werden.

Networking ist ein weiterer entscheidender Aspekt bei der Suche nach einer geeigneten Beschäftigung. Während traditionelle Networking-Veranstaltungen entmutigend sein können, kann die Nutzung von Online-Plattformen wie LinkedIn effektiv sein. Diese Plattformen ermöglichen den Aufbau beruflicher Kontakte in einer kontrollierteren und weniger sensorischen Umgebung. Der Beitritt zu

Gruppen oder Foren, die sich an Neurodiversitätsfachleute richten, kann auch Hinweise auf Jobmöglichkeiten geben und Unterstützung von anderen bieten, die die besonderen Herausforderungen verstehen, mit denen man konfrontiert ist.

<u>Eintreten für Unterkünfte und Unterstützung</u>

Nach der Anstellung ist das Eintreten für die notwendigen Vorkehrungen der Schlüssel zu einer erfolgreichen Karriere. Zu den Vorkehrungen können flexible Arbeitszeiten, die Möglichkeit, aus der Ferne zu arbeiten, Kopfhörer mit Geräuschunterdrückung oder Änderungen am Arbeitsplatz zur Reduzierung der Reizüberflutung gehören. Es ist wichtig, diesen Prozess mit Zuversicht und Klarheit anzugehen und zu verstehen, dass die Beantragung einer Unterkunft ein Recht und kein Privileg ist.

Wirksame Interessenvertretung beginnt mit dem Verständnis der bestehenden rechtlichen Schutzmaßnahmen. In vielen Ländern bieten Gesetze wie der Americans with Disabilities Act (ADA) in den Vereinigten Staaten oder der Equality Act im Vereinigten Königreich Rahmenbedingungen für die Beantragung von Unterkünften ohne Angst vor Diskriminierung. Die Kenntnis dieser Rechte versetzt autistische Frauen in die Lage, die Anpassungen vorzunehmen, die sie benötigen, um ihre Arbeit effektiv ausüben zu können.

Wenn Sie mit einem Arbeitgeber über die Unterbringung sprechen, ist es hilfreich, mit konkreten Vorschlägen vorbereitet zu sein. Anstatt Schwierigkeiten allgemein zu benennen, wird das Gespräch konstruktiver, wenn konkrete Beispiele dafür gegeben werden, wie bestimmte Anpassungen die Produktivität und das Wohlbefinden verbessern können. Wenn Sie beispielsweise erklären, dass das Dimmen von Deckenleuchten die Reizüberflutung verringern und die Konzentration verbessern kann, ist dies eine klare und umsetzbare Aufforderung.

Es ist auch von Vorteil, die Unterstützung der Personalabteilung oder der Beauftragten für Diversität und Inklusion am Arbeitsplatz in Anspruch zu nehmen. Diese Fachleute können Gespräche mit Managern erleichtern und sicherstellen, dass die Vorkehrungen angemessen umgesetzt werden. In einigen Fällen stellen sie möglicherweise auch zusätzliche Ressourcen oder

Schulungen für Kollegen bereit, um ein integrativeres Arbeitsumfeld zu fördern.

Selbstvertretung kann durch externe Ressourcen und Unterstützungsnetzwerke ergänzt werden. Der Beitritt zu Berufsverbänden für autistische Menschen oder die Suche nach Mentoring bei Menschen mit ähnlichen Erfahrungen kann wertvolle Ratschläge und emotionale Unterstützung geben. Diese Netzwerke können Einblicke in die Bewältigung von Herausforderungen am Arbeitsplatz und Strategien für eine effektive Selbstvertretung bieten.

Zusammenfassend lässt sich sagen, dass die Überwindung sozialer und beschäftigungsbezogener Barrieren eine Kombination aus Selbstbewusstsein, strategischer Planung und proaktivem Eintreten erfordert. Durch das Erkennen und Akzeptieren ihrer einzigartigen sozialen und beruflichen Bedürfnisse können autistische Frauen wirksame Strategien zur Verbesserung ihrer sozialen Fähigkeiten und zur Suche nach einem geeigneten, unterstützenden Arbeitsumfeld entwickeln. Mit den richtigen Werkzeugen und der richtigen Unterstützung können sie sinnvolle Beziehungen und erfüllende Karrieren

aufbauen, Barrieren abbauen und Stärken aufbauen,
die zu einem Leben voller Sinn und Zweck führen.

Kapitel 4

Stärken aufbauen und Neurodiversität nutzen

Stärken erkennen und nutzen

<u>Gemeinsame Stärken autistischer Frauen</u>

Autistische Frauen verfügen oft über einzigartige Stärken, die einen wesentlichen Beitrag zu ihrem persönlichen und beruflichen Leben leisten können. Das Erkennen dieser Stärken ist der erste Schritt, um sie zu nutzen, um Herausforderungen zu meistern und ein erfülltes Leben aufzubauen. Zu diesen Stärken zählen häufig die Liebe zum Detail, die Konzentrationsfähigkeit, die Kreativität und ausgeprägte analytische Fähigkeiten.

Die Liebe zum Detail ist ein Markenzeichen. Autistische Frauen können bei Aufgaben, die Präzision und Gründlichkeit erfordern, hervorragende Leistungen erbringen. Diese Eigenschaft macht sie besonders versiert in Bereichen wie Forschung, Datenanalyse,

Qualitätssicherung und allen Arbeiten, die komplizierte, sorgfältige Prozesse erfordern. Ihre Fähigkeit, feine Details wahrzunehmen, die andere möglicherweise übersehen, kann in diesen Rollen von unschätzbarem Wert sein.

Tiefenfokus oder Hyperfokus ist eine weitere Stärke. Wenn autistische Frauen sich in einem Interessengebiet engagieren, können sie sich völlig darauf einlassen und dabei oft qualitativ hochwertige Arbeit leisten. Diese intensive Konzentration ermöglicht die Beherrschung komplexer Fähigkeiten und Themen. Ob es darum geht, eine neue Sprache zu lernen, Software zu entwickeln oder Kunst zu schaffen, diese Fähigkeit, sich tief zu konzentrieren, kann zu außergewöhnlichem Fachwissen und Produktivität führen.

Kreativität und unkonventionelles Denken sind ebenfalls herausragende Stärken. Autistische Frauen gehen Probleme oft aus einem einzigartigen Blickwinkel an und bieten innovative Lösungen und neue Perspektiven. Diese Kreativität kann in künstlerischen Bestrebungen, in der wissenschaftlichen Forschung und in jedem Bereich glänzen, der von unkonventionellem Denken profitiert. Ihre Fähigkeit, anders zu denken, ist in einer zunehmend komplexen und dynamischen Welt ein großer Vorteil.

Starke analytische Fähigkeiten und logisches Denken werden häufig beobachtet. Autistische Frauen können sich bei Aufgaben hervortun, die eine systematische Analyse und Problemlösung erfordern. Diese Stärke ist in Bereichen wie Mathematik, Ingenieurwesen, Informatik und Finanzen von Vorteil. Ihre Fähigkeit zum logischen Denken und zur Mustererkennung kann wichtige Beiträge in diesen Bereichen leisten.

<u>Wie man Stärken nutzt, um Herausforderungen zu meistern</u>

Die Nutzung dieser Stärken zur Bewältigung von Herausforderungen erfordert strategische Planung und Selbstbewusstsein. Ein effektiver Ansatz besteht darin, Berufswahl und tägliche Aktivitäten an diesen inhärenten Stärken auszurichten. Beispielsweise könnte jemand mit einem Händchen für detailorientiertes Arbeiten in einer Rolle erfolgreich sein, die Präzision und gründliche Analyse erfordert, während ein kreativer Mensch seine Erfüllung in künstlerischen oder innovativen Bereichen finden könnte.

Es ist von entscheidender Bedeutung, Umgebungen einzurichten, die die Konzentration und Produktivität steigern. Für diejenigen, die von tiefer Konzentration profitieren, kann die Schaffung eines Arbeitsplatzes, der Ablenkungen minimiert, die Effizienz erheblich steigern. Dies kann die Verwendung von Kopfhörern mit Geräuschunterdrückung, die Organisation des Arbeitsplatzes zur Reduzierung von Unordnung oder die Implementierung von Zeitmanagementtechniken wie der Pomodoro-Methode zur Aufrechterhaltung der Konzentration umfassen.

Auf Stärken aufzubauen bedeutet auch, Schwächen anzuerkennen und abzumildern. Beispielsweise kann sich jemand mit starken analytischen Fähigkeiten, der jedoch Schwierigkeiten mit sozialen Interaktionen hat, auf Rollen konzentrieren, bei denen technisches Fachwissen wichtiger ist als umfassendes soziales Engagement. Darüber hinaus kann die Suche nach Unterstützung in schwierigen Bereichen, wie z. B. dem Training sozialer Kompetenzen oder dem Einsatz von

Kommunikationshilfen, dabei helfen, diese Herausforderungen auszugleichen.

Ein weiterer wichtiger Aspekt ist das Eintreten für sich selbst im persönlichen und beruflichen Umfeld. Die klare Kommunikation der eigenen Stärken und der Bedingungen, unter denen sie ihre besten Leistungen erbringt, kann zu besserer Unterstützung und besserem Verständnis seitens Kollegen, Freunden und Familie führen. Dieses Eintreten kann auch die Forderung nach angemessenen Vorkehrungen am Arbeitsplatz oder im Bildungsumfeld umfassen, wie etwa flexible Arbeitszeiten oder maßgeschneiderte Aufgaben, die die eigenen Stärken berücksichtigen.

Kontinuierliches Lernen und die Entwicklung von Fähigkeiten sind von entscheidender Bedeutung. Der Besuch von Kursen, die Teilnahme an Workshops oder die Teilnahme am selbstgesteuerten Lernen können Ihre Stärken weiter stärken und neue Möglichkeiten eröffnen. Beispielsweise könnte eine Person mit einer Leidenschaft für das Programmieren fortgeschrittene Programmierkurse belegen, um ihre technischen Fähigkeiten zu verbessern und so in ihrem Bereich wettbewerbsfähiger zu werden.

Neurodiversität annehmen

<u>Die Neurodiversitätsbewegung verstehen und fördern</u>

Die Neurodiversitätsbewegung erkennt an, dass neurologische Unterschiede wie Autismus natürliche Variationen des menschlichen Gehirns und keine heilbaren Störungen sind. Diese Perspektive verlagert den Fokus vom Versuch, autistische Menschen zu „reparieren", hin zum Verständnis und zur Wertschätzung ihrer einzigartigen Beiträge. Die Akzeptanz der Neurodiversität erfordert sowohl persönliche Akzeptanz als auch gesellschaftliches Eintreten.

Das Verständnis der Neurodiversität beginnt mit der Bildung. Das Erlernen des Spektrums neurologischer Unterschiede und der damit verbundenen Stärken kann eine integrativere Denkweise fördern. Diese Bildung kann durch das Lesen von Büchern, die Teilnahme an Seminaren und die Zusammenarbeit mit Gemeinschaften erfolgen, die Neurodiversität fördern. Wenn

Einzelpersonen besser informiert sind, können sie Missverständnisse und Stereotypen sowohl in sich selbst als auch in ihren Gemeinschaften hinterfragen.

Zur Förderung der Neurodiversität gehört das Eintreten für integrative Praktiken in verschiedenen Bereichen der Gesellschaft, einschließlich Bildung, Beschäftigung und Gesundheitsversorgung. Diese Interessenvertretung kann viele Formen annehmen, von der Unterstützung von Richtlinien zum Schutz der Rechte neurodiverser Individuen bis hin zur Schaffung zugänglicher Umgebungen, die unterschiedliche sensorische und kognitive Bedürfnisse berücksichtigen. Arbeitgeber können beispielsweise Schulungsprogramme implementieren, um ihre Mitarbeiter über Neurodiversität aufzuklären, und Rekrutierungspraktiken entwickeln, die neurodiverse Talente anziehen und unterstützen.

Unterstützende Gemeinschaften schaffen
Die Schaffung unterstützender Gemeinschaften ist für die Förderung der Akzeptanz und die Bereitstellung von Ressourcen für autistische Menschen von entscheidender Bedeutung. Diese

Gemeinschaften bieten ein Gefühl der Zugehörigkeit und gegenseitigen Unterstützung, in denen die Mitglieder Erfahrungen, Ratschläge und Ermutigung austauschen können. Sie können persönlich oder online über Selbsthilfegruppen, Foren und Social-Media-Plattformen gebildet werden, die sich der Neurodiversität widmen.

Unterstützende Gemeinschaften konzentrieren sich häufig auf Peer-Mentoring, bei dem Personen mit ähnlichen Erfahrungen sich gegenseitig anleiten und unterstützen. Dieses Mentoring kann praktische Ratschläge zur Bewältigung täglicher Herausforderungen geben, wie zum Beispiel die Suche nach sensorischen Umgebungen oder die Bewältigung sozialer Interaktionen. Es bietet auch emotionale Unterstützung und hilft den Menschen, sich verstanden und weniger isoliert zu fühlen.

Familien und Freunde spielen eine entscheidende Rolle beim Aufbau unterstützender Gemeinschaften. Indem sie sich über Neurodiversität informieren und sich aktiv an der Interessenvertretung beteiligen, können sie Umgebungen schaffen, die Unterschiede wertschätzen und die Stärken und Bedürfnisse ihrer Lieben unterstützen. Dazu kann es gehören, sich für inklusive Bildungspraktiken einzusetzen, flexible Arbeitsregelungen zu unterstützen oder einfach nur ein einfühlsamer Zuhörer zu sein.

In der breiteren Gesellschaft bedeutet die Förderung unterstützender Gemeinschaften, das Bewusstsein zu schärfen und das Verständnis zu fördern. Öffentliche Kampagnen, Bildungsprogramme und integrative Richtlinien können zum Aufbau einer Kultur beitragen, die die Neurodiversität respektiert und wertschätzt. Die Errungenschaften neurodiverser Menschen in Medien und öffentlichen Foren zu feiern, kann auch die öffentliche Wahrnehmung verändern und die positiven Auswirkungen der Akzeptanz der Neurodiversität hervorheben.

Das Erkennen und Nutzen von Stärken sowie die Berücksichtigung der Neurodiversität sind grundlegende Schritte zur Schaffung eines Lebens voller Sinn und Bedeutung für autistische Frauen. Indem sie ihre einzigartigen Fähigkeiten anerkennen und sich für integrative Praktiken einsetzen, können sie Herausforderungen meistern und einen wesentlichen Beitrag für ihre Gemeinschaften leisten. Die Akzeptanz der Neurodiversität kommt nicht nur autistischen Menschen zugute, sondern bereichert auch die Gesellschaft als Ganzes und fördert eine Kultur der Akzeptanz, des Verständnisses und des gegenseitigen Respekts.

Kapitel 5

Ein Leben voller Sinn und Bedeutung schaffen

Persönliche Ziele und Wünsche definieren

<u>Realistische und erfüllende Ziele setzen</u>

Die Schaffung eines Lebens voller Sinn und Bedeutung beginnt mit der Definition persönlicher Ziele und Bestrebungen. Für viele autistische Frauen beinhaltet dieser Prozess eine tiefe Selbstreflexion, um herauszufinden, was ihnen wirklich wichtig ist, jenseits gesellschaftlicher Erwartungen und Stereotypen. Das Setzen realistischer und erfüllender Ziele erfordert einen ausgewogenen Ansatz, der sowohl Stärken als auch Herausforderungen berücksichtigt.

Der erste Schritt bei der Festlegung persönlicher Ziele ist die Durchführung einer Selbsteinschätzung. Dabei geht es darum, Leidenschaften, Interessen und Werte zu identifizieren. Autistische Frauen haben oft starke Interessen und spezifische Fachgebiete, die in sinnvolle Beschäftigungen einfließen können. Das Nachdenken über diese Interessen kann Klarheit darüber schaffen, welche Ziele am erfüllendsten wären. Wenn jemand beispielsweise ein starkes Interesse am Umweltschutz hat, könnte er sich zum Ziel setzen, in diesem Bereich zu arbeiten oder sich ehrenamtlich für ähnliche Zwecke einzusetzen.

Sobald Leidenschaften und Interessen identifiziert sind, besteht der nächste Schritt darin, konkrete, erreichbare Ziele festzulegen. Die SMART-Kriterien – spezifisch, messbar, erreichbar, relevant und zeitgebunden – können in diesem Prozess besonders hilfreich sein. Anstatt sich beispielsweise ein vages Ziel wie „Sozialkompetenzen verbessern" zu setzen, könnte ein spezifischeres Ziel lauten: „Einem örtlichen Buchclub beitreten und sechs Monate lang zweimal im Monat an Treffen teilnehmen". Dieses Ziel ist klar, messbar und zeitgebunden, was es einfacher macht, Fortschritte zu verfolgen und motiviert zu bleiben.

Wichtig ist auch, realistische Ziele zu setzen und die persönlichen Umstände zu berücksichtigen. Obwohl Ehrgeiz wertvoll ist, kann das Setzen unerreichbarer

Ziele zu Frustration und Enttäuschung führen. Wenn Sie große Ziele in kleinere, überschaubare Schritte aufteilen, können sie sich leichter erreichbar anfühlen. Wenn das ultimative Ziel beispielsweise darin besteht, ein Buch zu schreiben, kann die Aufteilung in kleinere Aufgaben wie „Ein Kapitel pro Monat schreiben" den Prozess weniger überwältigend machen.

Flexibilität ist ein weiterer wichtiger Aspekt bei der Festlegung persönlicher Ziele. Die Lebensumstände können sich ändern, und es ist wichtig, anpassungsfähig zu sein. Durch die regelmäßige Überprüfung und Anpassung von Zielen wird sichergestellt, dass diese relevant und erreichbar bleiben. Dies kann bedeuten, den Fokus von einem Ziel auf ein anderes zu verlagern oder den Zeitplan zu ändern, um neuen Herausforderungen oder Chancen Rechnung zu tragen.

Erstellen Sie eine Roadmap für den persönlichen Erfolg

Sobald Ziele definiert sind, ist die Erstellung einer Roadmap zur Erreichung dieser Ziele unerlässlich. Dazu gehört die Entwicklung eines klaren Plans mit umsetzbaren Schritten und die Ermittlung der für den Erfolg erforderlichen Ressourcen und Unterstützung. Eine Roadmap gibt Orientierung und Struktur vor und macht es einfacher, auf dem richtigen Weg zu bleiben und die Motivation aufrechtzuerhalten.

Beginnen Sie damit, die wichtigsten Meilensteine zu skizzieren, die zum Erreichen jedes Ziels erforderlich sind. Diese Meilensteine dienen als Kontrollpunkte und ermöglichen eine Fortschrittsverfolgung und gegebenenfalls Anpassungen. Wenn das Ziel beispielsweise der Übergang in eine neue Karriere ist, könnten wichtige Meilensteine darin bestehen, eine entsprechende Ausbildung oder Ausbildung abzuschließen, Berufserfahrung durch Praktika zu sammeln und sich auf Stellen im gewünschten Bereich zu bewerben.

Die Identifizierung von Ressourcen und Unterstützungssystemen ist in diesem Prozess von entscheidender Bedeutung. Dazu können Lehrmaterialien, Online-Kurse, berufliche Netzwerke oder Unterstützung durch Familie und Freunde gehören. Die Nutzung dieser Ressourcen kann das Wissen und die Fähigkeiten vermitteln, die zum Erreichen von Zielen erforderlich sind. Beispielsweise kann der Beitritt zu einer Berufsorganisation, die mit der gewählten Karriere in Zusammenhang steht, Möglichkeiten zum Networking und Zugang zu branchenspezifischem Wissen bieten.

Zeitmanagement und Organisation sind ebenfalls wichtige Bestandteile einer erfolgreichen Roadmap. Die Erstellung eines detaillierten Zeitplans mit Fristen für jeden Meilenstein kann dabei helfen, den Fokus aufrechtzuerhalten und einen konsistenten Fortschritt sicherzustellen. Der Einsatz von Tools wie Planern, Kalendern oder Projektmanagement-Apps kann dabei helfen, den Überblick über Aufgaben und Fristen zu behalten.

Es kann auch von Vorteil sein, Feedback und Anleitung von anderen einzuholen. Mentoren, Coaches oder vertrauenswürdige Freunde können wertvolle Einblicke und Unterstützung bieten. Sie können dabei helfen, potenzielle Hindernisse zu erkennen, Lösungen vorzuschlagen und während der gesamten Reise Ermutigung zu bieten. Regelmäßige Gespräche mit diesen Personen können dazu beitragen, die Verantwortung aufrechtzuerhalten und Motivation zu schaffen.

Aufbau eines unterstützenden Netzwerks

<u>Gleichgesinnte finden und mit ihnen in Kontakt treten</u>

Der Aufbau eines unterstützenden Netzwerks ist wesentlich für die Schaffung eines Lebens voller Sinn und Bedeutung. Der Kontakt zu Gleichgesinnten, die ähnliche Interessen, Werte und Erfahrungen teilen, kann emotionale Unterstützung, Ermutigung und praktische Ratschläge bieten. Diese Verbindungen können über verschiedene Wege hergestellt werden, darunter soziale Gruppen, Online-Communities und berufliche Netzwerke.

Eine effektive Möglichkeit, Gleichgesinnte zu finden, besteht darin, sich interessenbezogenen Gruppen oder Organisationen anzuschließen. Dies können Hobbyclubs, Berufsverbände oder Interessengruppen im Zusammenhang mit Autismus und Neurodiversität sein. Die Teilnahme an diesen Gruppen ermöglicht den Austausch von Erfahrungen und Interessen und fördert das Gemeinschafts- und

Zugehörigkeitsgefühl. Beispielsweise könnte eine autistische Frau, die sich für das Schreiben interessiert, einer lokalen Autorengruppe oder einem Online-Forum für neurodiverse Schriftsteller beitreten.

Auch soziale Medien und Online-Plattformen bieten zahlreiche Möglichkeiten, sich mit anderen zu vernetzen. Der Beitritt zu Online-Foren, Social-Media-Gruppen oder die Teilnahme an virtuellen Veranstaltungen kann eine Plattform für Interaktion und Unterstützung durch eine breitere Community bieten. Auf diesen Plattformen gibt es oft Gruppen speziell für autistische Frauen, in denen Mitglieder Erfahrungen austauschen, Rat einholen und Unterstützung anbieten können.

Auch Networking-Veranstaltungen, sowohl virtuell als auch persönlich, können wertvoll sein. Die Teilnahme an Konferenzen, Workshops oder Treffen im Zusammenhang mit den eigenen Interessen oder dem Beruf bietet die Möglichkeit, andere mit ähnlichen Zielen und Ambitionen kennenzulernen. Diese Veranstaltungen erleichtern oft die Vernetzung durch strukturierte Aktivitäten und machen es einfacher, mit anderen in Kontakt zu treten.

<u>Die Rolle von Mentoren und Fürsprechern</u>

Mentoren und Fürsprecher spielen eine entscheidende Rolle beim Aufbau eines unterstützenden Netzwerks. Mentoren bieten Anleitung, Unterstützung und Weisheit basierend auf ihren eigenen Erfahrungen. Sie können praktische Ratschläge geben, bei der Bewältigung von Herausforderungen helfen und Mut machen. Besonders vorteilhaft kann es sein, einen Mentor zu finden, der die einzigartigen Erfahrungen autistischer Frauen versteht.

Mentoring-Beziehungen können formell oder informell sein. Formelle Mentoring-Programme, die oft von Berufsverbänden oder Bildungseinrichtungen angeboten werden, vermitteln Einzelpersonen anhand ihrer Ziele und Interessen Mentoren. Informelle Mentoring-Programme können sich organisch durch persönliche oder berufliche Verbindungen entwickeln. Diese Beziehung kann entstehen, wenn man sich an jemanden wendet, der bewundert und respektiert wird, und um Führung oder Rat bittet.

Fürsprecher hingegen unterstützen und fördern die Interessen autistischer Frauen in der Gesellschaft.

Sie können dabei helfen, sich in Systemen zurechtzufinden, auf Ressourcen zuzugreifen und sicherzustellen, dass Stimmen gehört werden. Fürsprecher können Fachleute wie Therapeuten oder Sozialarbeiter oder Verbündete in persönlichen und beruflichen Netzwerken sein. Sie spielen eine entscheidende Rolle dabei, sicherzustellen, dass autistische Frauen die Unterkunft und Unterstützung erhalten, die sie für ihren Erfolg benötigen.

Zusammenfassend lässt sich sagen, dass die Schaffung eines Lebens voller Sinn und Bedeutung das Setzen realistischer und erfüllender Ziele, die Erstellung eines Fahrplans zur Erreichung dieser Ziele und den Aufbau eines unterstützenden Netzwerks erfordert. Durch das Erkennen und Nutzen von Stärken, die Suche nach Unterstützung und Führung und den Kontakt zu Gleichgesinnten können autistische Frauen Herausforderungen meistern und ein erfülltes und sinnvolles Leben aufbauen. Diese Reise erfordert Selbstbewusstsein, strategische Planung und die Verpflichtung, die eigenen einzigartigen Fähigkeiten und Erfahrungen anzunehmen.

Kapitel 6

Psychische Gesundheit und Wohlbefinden

Umgang mit gleichzeitig auftretenden Bedingungen

Häufige gleichzeitig auftretende psychische Gesundheitsprobleme

Autistische Frauen leiden häufig gleichzeitig unter psychischen Erkrankungen, die ihr Wohlbefinden und ihre Lebensqualität erheblich beeinträchtigen können. Diese Erkrankungen, darunter Angstzustände, Depressionen, ADHS und Zwangsstörungen, werden häufig bei autistischen Personen beobachtet und können besondere Herausforderungen darstellen. Das Verstehen und Bewältigen dieser gleichzeitig auftretenden Erkrankungen ist für die Förderung der psychischen Gesundheit und des allgemeinen Wohlbefindens von entscheidender Bedeutung.

Angststörungen gehören zu den häufigsten Begleiterkrankungen bei autistischen Frauen. Die mit Autismus verbundenen sozialen und sensorischen Herausforderungen können zu einem erhöhten Angstniveau beitragen. Bei autistischen Frauen kann es zu einer generalisierten Angststörung (GAD), einer sozialen Angststörung oder spezifischen Phobien kommen. Diese Angststörungen können sich in übermäßiger Sorge, Vermeidung sozialer Situationen und körperlichen Symptomen wie erhöhter Herzfrequenz oder Magen-Darm-Problemen äußern.

Depressionen sind eine weitere häufig auftretende Begleiterkrankung. Der Kampf mit sozialen Interaktionen, Reizüberflutung und die Möglichkeit der Isolation können zu Gefühlen der Traurigkeit, Hoffnungslosigkeit und einem geringen Selbstwertgefühl führen. Depressive Episoden können leicht bis schwer sein und Symptome wie anhaltende Traurigkeit, Verlust des Interesses an Aktivitäten, Veränderungen des Appetits und des Schlafverhaltens sowie Konzentrationsschwierigkeiten umfassen.

Auch die Aufmerksamkeitsdefizit-Hyperaktivitätsstörung (ADHS) tritt häufig bei autistischen Frauen auf. ADHS kann die häufig mit Autismus einhergehenden Herausforderungen bei der exekutiven Leistungsfähigkeit verschlimmern, wie z. B. Schwierigkeiten bei der Organisation, beim Zeitmanagement und bei der Aufrechterhaltung der Konzentration. Symptome von ADHS, einschließlich Impulsivität, Hyperaktivität und Unaufmerksamkeit, können das tägliche Leben und die akademische oder berufliche Leistung erschweren.

Zwangsstörungen (OCD) sind eine weitere Erkrankung, die gleichzeitig mit Autismus auftreten kann. Autistische Frauen mit Zwangsstörungen können aufdringliche, sich wiederholende Gedanken (Obsessionen) verspüren und sich auf rituelle Verhaltensweisen (Zwänge) einlassen, um Ängste zu lindern. Diese Verhaltensweisen können den Alltag beeinträchtigen und das Stressniveau erhöhen.

Andere gleichzeitig auftretende Erkrankungen, die autistische Frauen betreffen können, sind Essstörungen, Schlafstörungen und sensorische

Verarbeitungsstörungen. Jede dieser Erkrankungen stellt einzigartige Herausforderungen dar und erfordert maßgeschneiderte Managementstrategien. Das Verständnis des Zusammenspiels zwischen Autismus und diesen gleichzeitig auftretenden Erkrankungen ist für die Entwicklung wirksamer Behandlungs- und Unterstützungspläne von entscheidender Bedeutung.

<u>Behandlungs- und Unterstützungsmöglichkeiten</u>

Der Umgang mit gleichzeitig auftretenden psychischen Erkrankungen erfordert einen umfassenden und individuellen Ansatz, der sowohl den Autismus als auch die spezifischen psychischen Gesundheitsprobleme berücksichtigt. Behandlungs- und Unterstützungsoptionen können eine Kombination aus therapeutischen Interventionen, Medikamenten, Änderungen des Lebensstils und Unterstützung durch die Gemeinschaft umfassen.

Die Therapie ist ein Eckpfeiler bei der Behandlung gleichzeitig auftretender Erkrankungen. Die kognitive Verhaltenstherapie (CBT) wird häufig zur Behandlung von Angstzuständen und Depressionen eingesetzt. CBT hilft Einzelpersonen, negative Gedankenmuster zu erkennen und zu hinterfragen und Bewältigungsstrategien zur Bewältigung der Symptome zu entwickeln. Für autistische Frauen können Anpassungen an die traditionelle kognitive Verhaltenstherapie, wie beispielsweise die Einbeziehung visueller Hilfsmittel und konkreter Beispiele, deren Wirksamkeit steigern.

Die Dialektische Verhaltenstherapie (DBT) ist ein weiterer therapeutischer Ansatz, der insbesondere für die Steuerung emotionaler Regulierung und zwischenmenschlicher Beziehungen hilfreich sein kann. DBT kombiniert Achtsamkeit, Stresstoleranz, Emotionsregulation und Fähigkeiten zur zwischenmenschlichen Wirksamkeit. Diese Fähigkeiten können autistischen Frauen helfen, die mit ihrer Erkrankung verbundenen emotionalen und sozialen Herausforderungen zu meistern.

Medikamente können auch bei der Behandlung gleichzeitig auftretender Erkrankungen eine Rolle spielen. Selektive Serotonin-Wiederaufnahmehemmer (SSRIs) werden häufig bei Angstzuständen und Depressionen verschrieben. Stimulierende Medikamente, wie sie beispielsweise zur Behandlung von ADHS eingesetzt werden, können dazu beitragen, die

Konzentration zu verbessern und Hyperaktivität zu reduzieren. Es ist wichtig, mit einem Arzt zusammenzuarbeiten, der Erfahrung in der Behandlung autistischer Menschen hat, um das am besten geeignete und wirksamste Medikamentenschema zu finden.

Änderungen des Lebensstils können erhebliche Auswirkungen auf die psychische Gesundheit und das Wohlbefinden haben. Regelmäßige körperliche Aktivität, eine ausgewogene Ernährung und ausreichend Schlaf sind grundlegende Bestandteile der psychischen Gesundheit. Es hat sich gezeigt, dass Sport die Symptome von Angstzuständen und Depressionen reduziert, während eine nahrhafte Ernährung die allgemeine Gesundheit des Gehirns unterstützt. Die Etablierung einer konsistenten Schlafroutine und die Schaffung einer beruhigenden Schlafumgebung können helfen, Schlafstörungen zu lindern.

Die Unterstützung der Gemeinschaft ist ein weiteres entscheidendes Element bei der Bewältigung gleichzeitig auftretender Erkrankungen. Selbsthilfegruppen, sowohl persönlich als auch online, bieten eine Plattform, um Erfahrungen auszutauschen und Ermutigung von anderen zu erhalten, die vor ähnlichen Herausforderungen stehen. Diese Gruppen können wertvolle Einblicke, praktische Ratschläge und ein Zugehörigkeitsgefühl bieten. Professionelle Unterstützung wie Fallmanagement und Sozialarbeit können dabei helfen, sich in den Gesundheitssystemen zurechtzufinden und auf die notwendigen Ressourcen zuzugreifen.

Zusätzlich zu diesen Ansätzen ist es wichtig, Techniken zur Selbstfürsorge und Stressbewältigung zu fördern. Achtsamkeitsübungen wie Meditation und Atemübungen können dabei helfen, Stress abzubauen und die emotionale Regulierung zu verbessern. Kreative Möglichkeiten wie Kunst, Musik oder Schreiben bieten ein Ausdrucksmittel und können therapeutisch sein.

Der Umgang mit gleichzeitig auftretenden Erkrankungen bei autistischen Frauen erfordert einen ganzheitlichen Ansatz, der das einzigartige Zusammenspiel zwischen Autismus und psychischen Gesundheitsproblemen berücksichtigt. Durch die Integration therapeutischer Interventionen, Medikamente, Änderungen des

Lebensstils und Unterstützung durch die Gemeinschaft können autistische Frauen ihre psychische Gesundheit verbessern und ihr allgemeines Wohlbefinden steigern. Es ist wichtig, die Behandlung mit Flexibilität, Geduld und einem Fokus auf die individuellen Bedürfnisse anzugehen, um die bestmöglichen Ergebnisse zu erzielen.

Strategien für Selbstfürsorge und Resilienz

Eine Selbstpflegeroutine entwickeln

Selbstfürsorge ist eine entscheidende Komponente für die Aufrechterhaltung der psychischen Gesundheit und des Wohlbefindens, insbesondere für autistische Frauen, die oft mit einzigartigen Stressfaktoren und Herausforderungen konfrontiert sind. Um eine konsistente und effektive Selbstpflegeroutine zu entwickeln, müssen Aktivitäten identifiziert werden, die die körperliche, emotionale und geistige Gesundheit fördern, und diese Aktivitäten in das tägliche Leben integriert werden.

Der erste Schritt bei der Schaffung einer Selbstpflegeroutine besteht darin, die Bedeutung der Selbstpflege zu erkennen und sie als nicht verhandelbaren Teil des täglichen Lebens zu priorisieren. Dies kann für diejenigen, die es gewohnt sind, die Bedürfnisse anderer in den Vordergrund zu stellen oder mit Problemen mit dem Selbstwertgefühl zu kämpfen haben, eine Herausforderung sein. Es ist jedoch von entscheidender Bedeutung, zu verstehen, dass Selbstfürsorge für die allgemeine Gesundheit und Funktionsfähigkeit unerlässlich ist.

Eine umfassende Selbstpflegeroutine sollte mehrere Aspekte des Wohlbefindens berücksichtigen:

1. Körperliche Selbstfürsorge: Dazu gehören Aktivitäten, die die körperliche Gesundheit unterstützen, wie zum Beispiel regelmäßige Bewegung, ausreichend Schlaf und eine ausgewogene Ernährung. Die Übungen können an die individuellen Vorlieben und Fähigkeiten angepasst werden, sei es Gehen, Yoga, Schwimmen oder Tanzen. Es ist auch wichtig, für ausreichend erholsamen Schlaf zu sorgen; Die Festlegung eines konsistenten Schlafplans und die Schaffung einer

beruhigenden Schlafenszeitroutine können zur Verbesserung der Schlafqualität beitragen. Die Ernährung spielt eine wichtige Rolle für die psychische Gesundheit. Daher ist es wichtig, eine Ernährung mit viel Obst, Gemüse, Vollkornprodukten und magerem Eiweiß einzuhalten.

2. Emotionale Selbstfürsorge: Emotionales Wohlbefinden kann durch Aktivitäten gefördert werden, die Entspannung und Freude fördern. Dazu können Hobbys, kreative Aktivitäten oder Zeit mit geliebten Menschen gehören. Es ist wichtig, sich an Aktivitäten zu beteiligen, die Freude und Erfolgserlebnisse bereiten. Journaling ist ein weiteres wirkungsvolles Instrument zur emotionalen Selbstfürsorge, das eine Möglichkeit bietet, Gedanken und Gefühle auszudrücken und dabei hilft, Erfahrungen zu verarbeiten.

3. Psychische Selbstfürsorge: Aktivitäten, die den Geist stimulieren und die kognitive Gesundheit fördern, sind ebenfalls unerlässlich. Dazu können Lesen, das Erlernen neuer Fähigkeiten, Rätsel oder andere gehirnstimulierende Aktivitäten gehören. Achtsamkeitsübungen wie Meditation und

Atemübungen können helfen, Stress abzubauen und die geistige Klarheit zu verbessern. Sich jeden Tag Zeit für ruhiges Nachdenken oder Achtsamkeit zu nehmen, kann sich erheblich auf das geistige Wohlbefinden auswirken.

4. Soziale Selbstfürsorge: Der Aufbau und die Pflege unterstützender Beziehungen ist von entscheidender Bedeutung. Der regelmäßige Kontakt mit Freunden, Familie oder Selbsthilfegruppen kann emotionale Unterstützung und ein Gemeinschaftsgefühl vermitteln. Zur sozialen Selbstfürsorge gehört es auch, Grenzen zu setzen und dafür zu sorgen, dass Beziehungen gesund und unterstützend sind.

Die Erstellung einer Selbstpflegeroutine, die diese Elemente umfasst, erfordert Selbstbewusstsein und Experimentierfreudigkeit. Es ist wichtig, verschiedene Aktivitäten auszuprobieren und herauszufinden, welche den größten Nutzen bringt. Das Führen eines Selbstpflegetagebuchs zur Verfolgung von Aktivitäten und deren Auswirkungen auf das Wohlbefinden kann dabei helfen, die effektivsten Praktiken zu ermitteln.

<u>Aufbau von Resilienz durch Achtsamkeit und andere Techniken</u>

Resilienz ist die Fähigkeit, sich aus Widrigkeiten zu erholen und sich an herausfordernde Umstände anzupassen. Für autistische Frauen ist der Aufbau von Resilienz von entscheidender Bedeutung, um die besonderen Belastungen und Hindernisse zu bewältigen, denen sie begegnen können. Um Resilienz zu entwickeln, müssen bestimmte Fähigkeiten und Denkweisen kultiviert werden, die die emotionale Stärke und Anpassungsfähigkeit steigern.

Achtsamkeit ist eine der wirksamsten Techniken zum Aufbau von Resilienz. Achtsamkeit bedeutet, im Augenblick präsent zu bleiben und Gedanken und Gefühle ohne Urteil zu beobachten. Regelmäßige Achtsamkeitsübungen können dabei helfen, Stress abzubauen, die emotionale Regulierung zu verbessern und das allgemeine Wohlbefinden zu steigern. Einfache Achtsamkeitsübungen wie konzentriertes Atmen oder Bodyscan-Meditationen können in den Alltag integriert werden. Mit der Zeit können diese Praktiken dazu beitragen, eine widerstandsfähigere

Denkweise zu entwickeln, indem sie ein Gefühl der Ruhe und Kontrolle fördern.

Ein weiterer wichtiger Aspekt beim Aufbau von Resilienz ist die Entwicklung einer positiven Einstellung. Dabei geht es darum, sich auf Stärken und Erfolge zu konzentrieren, anstatt sich mit Misserfolgen und Defiziten herumzuschlagen. Das Üben von Dankbarkeit, beispielsweise das Führen eines Dankbarkeitstagebuchs, kann dabei helfen, den Fokus auf die positiven Aspekte des Lebens zu lenken. Jeden Tag Dinge aufzuschreiben, für die man dankbar ist, kann eine positivere und belastbarere Denkweise fördern.

Auch Problemlösungsfähigkeiten sind für die Resilienz unerlässlich. Dabei geht es darum, Probleme zu identifizieren, potenzielle Lösungen zu finden und Maßnahmen zur Bewältigung von Herausforderungen zu ergreifen. Wenn Sie größere Probleme in kleinere, überschaubare Schritte zerlegen, können Sie dafür sorgen, dass sie sich weniger überwältigend anfühlen. Die Entwicklung eines proaktiven Ansatzes zur Problemlösung kann das Selbstvertrauen und die Belastbarkeit stärken.

Der Aufbau eines starken Unterstützungsnetzwerks ist ein weiterer wichtiger Bestandteil der Resilienz. Verlässliche und unterstützende Menschen, an die man sich in Zeiten der Not wenden kann, können emotionale Unterstützung und praktische Hilfe bieten. Dazu können Freunde, Familie, Mentoren oder Selbsthilfegruppen gehören. Die Fähigkeit, um Hilfe zu bitten und Unterstützung anzunehmen, ist ein Zeichen von Stärke und kann die Belastbarkeit erheblich steigern.

Schließlich ist Selbstmitgefühl eine wichtige Technik zum Aufbau von Resilienz. Dazu gehört, sich selbst mit Freundlichkeit und Verständnis zu begegnen, insbesondere in schwierigen Zeiten. Zu erkennen, dass jeder Fehler macht und Rückschläge erlebt, und mit Selbstmitgefühl statt Selbstkritik zu reagieren, kann die emotionale Widerstandsfähigkeit fördern. Selbstmitgefühl zu üben kann darin bestehen, unterstützend mit sich selbst zu sprechen, die eigenen Bemühungen anzuerkennen und sich Zeit für Selbstfürsorge zu nehmen.

Zusammenfassend lässt sich sagen, dass die Entwicklung einer Selbstpflegeroutine und der Aufbau von Resilienz von entscheidender

Bedeutung für die Bewältigung der psychischen Gesundheit und des Wohlbefindens sind. Durch die Integration körperlicher, emotionaler, mentaler und sozialer Selbstfürsorgeaktivitäten in das tägliche Leben und die Förderung der Widerstandsfähigkeit durch Achtsamkeit, positives Denken, Problemlösung und Selbstmitgefühl können autistische Frauen ihre Fähigkeit verbessern, Herausforderungen zu meistern und ein erfülltes Leben zu führen. Diese Strategien bilden eine Grundlage für die Aufrechterhaltung der psychischen Gesundheit und die Förderung eines Lebens voller Sinn und Zweck.

Kapitel 7

Beziehungen und soziale Verbindungen

Freundschaften aufbauen und pflegen

<u>Strategien zur Entwicklung und Aufrechterhaltung von Freundschaften</u>

Der Aufbau und die Pflege von Freundschaften kann für jeden ein komplexer Prozess sein, stellt autistische Frauen jedoch oft vor besondere Herausforderungen. Um sinnvolle und dauerhafte Beziehungen aufzubauen, ist es wichtig, diese Herausforderungen zu verstehen und wirksame Strategien zu entwickeln.

Der erste Schritt beim Aufbau von Freundschaften besteht darin, Möglichkeiten zu finden, neue Leute kennenzulernen. Autistische Frauen können davon profitieren, Gruppen oder Aktivitäten beizutreten, die ihren Interessen entsprechen. Ganz gleich, ob es sich um einen Hobbyclub, eine Selbsthilfegruppe, eine Freiwilligenorganisation oder eine Online-Community handelt, diese Umgebungen bieten eine strukturierte Umgebung, in der Einzelpersonen über gemeinsame Interessen Kontakte knüpfen können. Sich an Aktivitäten zu beteiligen, für die man eine Leidenschaft hat, macht nicht nur soziale Interaktionen angenehmer, sondern erhöht auch die Wahrscheinlichkeit, Gleichgesinnte zu treffen.

In diesen sozialen Umgebungen kann es entmutigend sein, Gespräche zu initiieren. Das Vorbereiten einiger offener Fragen oder Kommentare zur gemeinsamen Aktivität kann dabei helfen, das Eis zu brechen. Es ist auch hilfreich, aufmerksam zu sein und sich an der Körpersprache und Reaktionen anderer zu orientieren. Wenn jemand beispielsweise engagiert und reaktionsschnell erscheint, ist das ein gutes Zeichen, das Gespräch fortzusetzen. Wenn sie abgelenkt oder desinteressiert wirken, ist es möglicherweise am besten, die Interaktion höflich zu beenden und es ein anderes Mal erneut zu versuchen.

Zuhören ist für die Entwicklung von Freundschaften von entscheidender Bedeutung. Aufrichtiges Interesse an anderen zu zeigen, weitere Fragen zu stellen und nachdenklich zu antworten, kann dabei

helfen, eine Beziehung aufzubauen. Zum aktiven
Zuhören gehört es, Blickkontakt herzustellen
(soweit angenehm), zustimmend zu nicken und
verbale Bestätigungen wie „Ich verstehe" oder „Das
klingt interessant" zu geben. Diese Signale zeigen,
dass man aufmerksam ist und den Input der anderen
Person wertschätzt.

Beständigkeit und Durchhaltevermögen sind der
Schlüssel zum Erhalt von Freundschaften. Sich
regelmäßig bei Freunden zu melden, sich an
wichtige Details aus ihrem Leben zu erinnern und
bei Verpflichtungen zuverlässig zu sein, trägt dazu
bei, Vertrauen aufzubauen und Fürsorge zu zeigen.
Einfache Gesten wie das Versenden einer SMS, um
Hallo zu sagen, sich an Geburtstage zu erinnern oder
regelmäßige Treffen zu planen, können die Bindung
stärken. Es ist wichtig, ein Gleichgewicht zwischen
Kontaktaufnahme und gegenseitigem Respekt für
das Raumbedürfnis zu finden, um sicherzustellen,
dass die Interaktion positiv und ohne Druck bleibt.

Es ist auch wichtig, gesunde Grenzen zu setzen.
Persönliche Grenzen zu verstehen und sie Freunden
klar zu vermitteln hilft, das Gleichgewicht zu
bewahren und einem Burnout vorzubeugen. Wenn

beispielsweise gesellschaftliche Zusammenkünfte überwältigend sind, ist es in Ordnung, die Aufenthaltsdauer oder die Häufigkeit solcher Veranstaltungen zu begrenzen. Wahre Freunde werden diese Grenzen verstehen und respektieren.

<u>Durch soziale Signale und Grenzen navigieren</u>

Das Navigieren in sozialen Signalen und Grenzen kann für autistische Frauen aufgrund der Nuanciertheit sozialer Interaktionen eine besondere Herausforderung darstellen. Die Entwicklung von Strategien zur Interpretation und Reaktion auf diese Hinweise kann jedoch die sozialen Verbindungen erheblich verbessern und Missverständnisse reduzieren.

Das Verstehen der Körpersprache ist ein grundlegender Aspekt bei der Interpretation sozialer Signale. Das Beobachten von Gesten, Mimik und Körperhaltung kann wertvolle Einblicke in die Gefühle und Absichten anderer liefern. Verschränkte Arme können beispielsweise auf Unbehagen oder Abwehrhaltung hinweisen, während ein Lächeln typischerweise Freundlichkeit signalisiert. Das Erlernen des Lesens dieser nonverbalen Signale kann die Fähigkeit verbessern, in sozialen Situationen angemessen zu reagieren.

Der Tonfall ist ein weiterer wichtiger Hinweis. Variationen in Tonhöhe, Lautstärke und Tonfall können unterschiedliche Emotionen und Absichten vermitteln. Das aktive Zuhören und die Beachtung dieser stimmlichen Nuancen kann dabei helfen, die zugrunde liegende Botschaft zu verstehen, die über die gesprochenen Worte hinausgeht.

Die Achtung des persönlichen Freiraums ist für die Aufrechterhaltung sozialer Grenzen von entscheidender Bedeutung. Persönliche Raumpräferenzen können je nach Person und Kultur sehr unterschiedlich sein, daher ist es wichtig, sie zu beobachten und entsprechend anzupassen. Wenn jemand zurücktritt oder sich unwohl fühlt, kann das darauf hindeuten, dass er mehr Platz benötigt. Die Beachtung dieser nonverbalen Hinweise trägt dazu bei, Unannehmlichkeiten vorzubeugen und respektvolle Interaktionen zu fördern.

Autistische Frauen könnten von Rollenspielen oder dem Üben sozialer Szenarien mit einem vertrauenswürdigen Freund oder Therapeuten profitieren. Dies kann dabei helfen, Fähigkeiten zu entwickeln, um soziale Signale in realen Situationen zu erkennen und darauf zu reagieren. Darüber hinaus kann das Einholen von Feedback von engen Freunden oder Mentoren Einblicke in die Wahrnehmung des eigenen Sozialverhaltens geben und Möglichkeiten zur Verbesserung bieten.

Für die Pflege gesunder Freundschaften ist es ebenso wichtig, Grenzen zu verstehen und zu respektieren. Dabei geht es darum, die eigenen Grenzen und die anderer zu erkennen. Eine offene Kommunikation über Bedürfnisse und Vorlieben trägt dazu bei, klare Erwartungen zu formulieren und Konflikten vorzubeugen. Wenn Sie beispielsweise über bevorzugte Kommunikationsformen wie SMS oder Telefonanrufe sprechen, können Sie dafür sorgen, dass sich beide Parteien wohl und respektiert fühlen.

Zu lernen, „Nein" zu sagen und „Nein" von anderen zu akzeptieren, ist ein wesentlicher Teil der Grenzsetzung. Es ist wichtig zu erkennen, dass sich die Ablehnung einer Einladung oder Bitte nicht negativ auf die Beziehung auswirkt. Stattdessen ist es eine Möglichkeit, persönliche Grenzen zu respektieren und eine Überforderung zu verhindern.

Freunde zu ermutigen, ihre Grenzen offen zu kommunizieren, schafft gegenseitiges Verständnis und Respekt.

Der Aufbau und die Pflege von Freundschaften für autistische Frauen erfordert die Entwicklung von Strategien zur Herstellung und Aufrechterhaltung von Verbindungen, das Verstehen sozialer Signale und das Setzen gesunder Grenzen. Indem autistische Frauen interessenbasierten Gruppen beitreten, aktives Zuhören üben, konsequent sind und persönliche Freiräume und Grenzen respektieren, können sie sinnvolle und dauerhafte Beziehungen aufbauen.

Romantische Beziehungen und Intimität

<u>Romantische Beziehungen als autistische Frau verstehen</u>

Das Navigieren in romantischen Beziehungen kann für autistische Frauen aufgrund des komplexen Zusammenspiels sozialer Signale, emotionaler Intimität und sensorischer Empfindlichkeiten eine besondere Herausforderung darstellen. Das Verständnis dieser Dynamik und die Entwicklung maßgeschneiderter Strategien können dabei helfen, gesunde romantische Beziehungen aufzubauen und aufrechtzuerhalten.

Eine der größten Herausforderungen für autistische Frauen in romantischen Beziehungen besteht darin, die sozialen Signale und Signale zu erkennen und zu interpretieren, die mit Anziehung und Interesse verbunden sind. Im Gegensatz zu Freundschaften beinhalten romantische Interaktionen oft ein höheres Maß an Mehrdeutigkeit und Subtilität, was verwirrend sein kann. Für autistische Frauen ist es wichtig, sich mit diesen Hinweisen vertraut zu machen, etwa mit längerem Blickkontakt, körperlicher Berührung und dem Ausdruck von Interesse oder Bewunderung. Diese Signale können falsch interpretiert oder übersehen werden. Daher kann es von Vorteil sein, sich die Zeit zu nehmen, sie zu lernen und zu üben, sie zu erkennen.

Auch in romantischen Beziehungen spielen Sinnesempfindungen eine wichtige Rolle. Körperliche Berührung, ein häufiger Aspekt der Intimität, kann für manche autistische Frauen überwältigend oder unangenehm sein. Es ist wichtig, den Partnern diese Empfindlichkeiten klar zu kommunizieren. Wenn Sie beispielsweise erklären, welche Arten von Berührungen beruhigend und welche belastend sind, kann dies dazu beitragen, eine unterstützendere und verständnisvollere Umgebung zu schaffen. Partner, die sich dieser Vorlieben bewusst sind, können ihr Verhalten entsprechend anpassen und so sicherstellen, dass körperliche Interaktionen angenehm und einvernehmlich sind.

Emotionale Intimität ist ein weiterer Bereich, in dem autistische Frauen möglicherweise Schwierigkeiten haben. Das Bedürfnis nach klarer, direkter Kommunikation ist für den Aufbau einer starken emotionalen Verbindung von größter Bedeutung. Autistische Frauen profitieren oft von Partnern, die bereit sind, offene und ehrliche Gespräche über Gefühle, Erwartungen und Grenzen zu führen. Diese Transparenz trägt dazu bei, Missverständnisse zu reduzieren und eine tiefere emotionale Bindung zu fördern.

Darüber hinaus kann sich das Konzept der „Maskierung", bei der autistische Menschen ihre Eigenschaften verbergen, um sich in die Gesellschaft einzufügen, auf romantische

Beziehungen auswirken. Während Maskierung manchmal dabei helfen kann, sich in sozialen Interaktionen zurechtzufinden, kann sie auch zu Erschöpfung und einem Gefühl der Unechtheit führen. Für autistische Frauen ist es wichtig, Partner zu finden, die sie so schätzen und akzeptieren, wie sie sind, ohne dass sie ständig maskiert werden müssen. Authentizität in einer Beziehung fördert gegenseitigen Respekt und Verständnis.

<u>Kommunikations- und Beziehungsaufbaustrategien</u>

Effektive Kommunikation ist der Grundstein jeder erfolgreichen Beziehung, und das gilt insbesondere für autistische Frauen. Die Entwicklung und Anwendung von Strategien zur Verbesserung der Kommunikation kann die Zufriedenheit und Stabilität einer Beziehung erheblich verbessern.

Eine klare und direkte Kommunikation ist unerlässlich. Autistische Frauen sollten sich befähigt fühlen, ihre Bedürfnisse, Wünsche und Sorgen offen auszudrücken. Dies kann die explizite Angabe von Vorlieben beinhalten, wie zum Beispiel „Ich brauche jetzt etwas Ruhe" oder „Ich verbringe gerne Zeit miteinander, aber ich muss nach gesellschaftlichen Ereignissen neue Kraft tanken." Partner, die die

Bedeutung der direkten Kommunikation verstehen, können sich revanchieren und so eine transparentere und unterstützende Beziehungsdynamik schaffen.

Auch die Nutzung schriftlicher Kommunikation kann von Vorteil sein. Für einige autistische Frauen kann es einfacher und angenehmer sein, Gedanken und Gefühle schriftlich auszudrücken, sei es per Textnachricht, E-Mail oder Brief, als durch verbale Kommunikation. Diese Methode ermöglicht mehr Zeit, Emotionen zu verarbeiten und Gedanken klar zu artikulieren, wodurch der Druck von Echtzeitgesprächen verringert wird.

Das Einplanen regelmäßiger Zeiten für den Beziehungs-Check-in kann dabei helfen, etwaige Probleme zu lösen, bevor sie eskalieren. Diese Check-ins bieten eine strukturierte Gelegenheit, zu besprechen, was in der Beziehung gut funktioniert und was möglicherweise verbessert werden muss. Es ist eine Zeit, Erfolge zu feiern und Herausforderungen gemeinsam anzugehen.

Es ist auch wichtig, die Kommunikationsstile des anderen zu verstehen und zu respektieren. Autistische Frauen bevorzugen möglicherweise direktere und logischere Diskussionen, während ihre

Partner möglicherweise auf emotionalen Ausdruck setzen. Eine Balance zu finden, die beide Stile berücksichtigt, kann das gegenseitige Verständnis verbessern. Partner können beispielsweise üben, die Gefühle und Perspektiven des anderen zu bestätigen, auch wenn sie diese unterschiedlich ausdrücken.

Die Entwicklung sozialer Skripte oder vorbereitete Antworten auf häufige Situationen können dabei helfen, soziale Ängste zu bewältigen und die Kommunikation zu verbessern. Diese Skripte können nach Bedarf geübt und angepasst werden, wodurch ein Gefühl der Vorhersehbarkeit und Sicherheit bei Interaktionen entsteht. Beispielsweise kann eine festgelegte Möglichkeit, Einladungen abzulehnen oder Zuneigung auszudrücken, Stress reduzieren und sicherstellen, dass wichtige Botschaften klar vermittelt werden.

Schließlich kann die Suche nach professioneller Unterstützung, beispielsweise einer Paartherapie mit einem Therapeuten mit Autismuserfahrung, zusätzliche Instrumente und Strategien zur Verbesserung der Kommunikation und der Beziehungszufriedenheit bieten. Eine Therapie kann einen sicheren Raum bieten, um Herausforderungen zu erkunden, Kommunikationsfähigkeiten zu verbessern und die emotionale Verbindung zwischen Partnern zu stärken.

Das Verstehen und Navigieren romantischer Beziehungen als autistische Frau erfordert das Erkennen sozialer Signale, den Umgang mit sensorischen Empfindlichkeiten und die Förderung emotionaler Intimität durch klare und direkte Kommunikation. Durch den Einsatz maßgeschneiderter Kommunikationsstrategien, die Ausübung von Authentizität und die Suche nach unterstützenden Partnerschaften können autistische Frauen erfüllende Liebesbeziehungen aufbauen und aufrechterhalten. Diese Bemühungen tragen zu einer intensiveren, bedeutungsvolleren Verbindung bei und steigern das allgemeine Wohlbefinden und die Beziehungszufriedenheit.

Kapitel 8

Navigieren am Arbeitsplatz

Den richtigen Karriereweg finden

<u>Interessen und Stärken mit der Karriere in Einklang bringen</u>

Für autistische Frauen kann die Suche nach einer erfüllenden Karriere, die ihre einzigartigen Stärken und Interessen nutzt, eine transformierende Erfahrung sein. Die eigenen Stärken zu verstehen und sie mit Karrieremöglichkeiten in Einklang zu bringen, ist der erste Schritt zu beruflicher Zufriedenheit und Erfolg.

Autistische Frauen verfügen oft über außergewöhnliche Fähigkeiten in Bereichen wie Liebe zum Detail, Problemlösung, logisches Denken und Mustererkennung. Diese Stärken können in Bereichen wie Informationstechnologie, Ingenieurwesen, Forschung und Datenanalyse besonders wertvoll sein. Das Erkennen dieser inhärenten Fähigkeiten und die Suche nach Rollen, die sie nutzen, kann zu bedeutungsvolleren und lohnenderen Arbeitserfahrungen führen.

Interessen spielen eine entscheidende Rolle für die berufliche Zufriedenheit. Autistische Frauen haben oft eine große Leidenschaft für bestimmte Themen, was die Motivation und Produktivität in verwandten Berufsfeldern steigern kann. Ein starkes Interesse an Tieren könnte beispielsweise zu einer Karriere in der Veterinärwissenschaft, Tierpflege oder im Naturschutz führen. Ebenso könnte eine Leidenschaft für Kunst zu einer Karriere im Grafikdesign, in der Illustration oder in der Kunsttherapie führen. Das Erkennen dieser Interessen und die Erkundung entsprechender Karrierewege kann zu einem Gefühl von Sinnhaftigkeit und Freude am Berufsleben führen.

Um Interessen und Stärken mit potenziellen Karrieren in Einklang zu bringen, ist es hilfreich, eine gründliche Selbsteinschätzung durchzuführen. Tools wie Persönlichkeitstests, Beurteilungen der beruflichen Eignung und stärkebasierte Bewertungen können wertvolle Erkenntnisse liefern. Das Nachdenken über frühere Erfahrungen, Hobbys und akademische Erfolge kann auch Interessengebiete und Fachkenntnisse hervorheben.

Sobald potenzielle Karrierewege identifiziert sind, ist die Erforschung dieser Bereiche unerlässlich. Dazu gehört das Verständnis der typischen Jobrollen, erforderlichen Qualifikationen, Arbeitsumgebungen und Karrieremöglichkeiten. Durch Gespräche mit Fachleuten, die derzeit in diesen Bereichen tätig sind, der Besuch von Karrieremessen und die Suche nach Praktika oder Möglichkeiten für ehrenamtliche Tätigkeiten können Erfahrungen aus erster Hand gesammelt und Karriereziele weiter geklärt werden.

Darüber hinaus kann es äußerst hilfreich sein, sich von Berufsberatern oder Mentoren beraten zu lassen, die sich mit Autismus auskennen. Diese Fachleute können maßgeschneiderte Ratschläge geben, bei der Orientierung auf dem Arbeitsmarkt helfen und Sie während des gesamten Berufsfindungsprozesses unterstützen. Sie können auch bei der Entwicklung von Lebensläufen und Anschreiben behilflich sein, in denen Stärken und Erfahrungen wirkungsvoll hervorgehoben werden.

Die Jobsuche kann für jeden eine Herausforderung sein, aber autistische Frauen können mit besonderen Hürden konfrontiert werden, wie z. B. der Interpretation sozialer Signale während Vorstellungsgesprächen, dem Umgang mit sensorischen Empfindlichkeiten in potenziellen Arbeitsumgebungen und dem Eintreten für notwendige Vorkehrungen. Mit den richtigen Strategien können diese Herausforderungen jedoch erfolgreich gemeistert werden.

Ein wichtiger erster Schritt bei der Jobsuche ist die Erstellung eines aussagekräftigen Lebenslaufs und Anschreibens. Diese Dokumente sollten Stärken, relevante Erfahrungen und einzigartige Fähigkeiten hervorheben. Es ist wichtig, eine klare und prägnante Sprache zu verwenden und sich auf Erfolge und konkrete Beispiele zu konzentrieren, die die Fähigkeiten und Eignung für die gewünschte Rolle demonstrieren. Die Anpassung dieser Dokumente an jede Bewerbung kann die Wahrscheinlichkeit erhöhen, von Arbeitgebern wahrgenommen zu werden.

Networking ist ein weiterer wichtiger Bestandteil der Jobsuche. Während herkömmliche Networking-Veranstaltungen überwältigend sein können, gibt es viele alternative Möglichkeiten, mit Fachleuten in den gewünschten Bereichen in Kontakt zu treten. Online-Plattformen wie LinkedIn bieten die Möglichkeit, branchenspezifischen Gruppen beizutreten, an Diskussionen teilzunehmen und potenzielle Arbeitgeber oder Mentoren zu kontaktieren. Informationsgespräche, bei denen man Fragen zu einem Beruf oder einem Unternehmen stellen kann, können auch eine Möglichkeit sein, ohne Stress Kontakte zu knüpfen und Einblicke zu gewinnen.

Die Vorbereitung auf Vorstellungsgespräche ist von entscheidender Bedeutung. Autistische Frauen könnten davon profitieren, häufige Interviewfragen zu üben und Antworten zu entwickeln, die ihre Fähigkeiten und Erfahrungen hervorheben. Rollenspielinterviews mit einem vertrauenswürdigen Freund oder Mentor können dabei helfen, Selbstvertrauen aufzubauen und die Leistung zu verbessern. Es ist auch hilfreich, sich gründlich über das Unternehmen und die Stelle zu informieren, um im Vorstellungsgespräch echtes Interesse und Wissen zu zeigen.

Ein weiterer wichtiger Aspekt ist das Verständnis und die Befürwortung von Arbeitsplatzanpassungen. Der Americans with Disabilities Act (ADA) und ähnliche Gesetze in anderen Ländern verlangen von Arbeitgebern, angemessene Vorkehrungen zu treffen. Dazu können flexible Arbeitszeiten, Änderungen am physischen Arbeitsplatz oder die Ermöglichung des Einsatzes unterstützender Technologie gehören. Es ist von entscheidender Bedeutung, sich darüber im Klaren zu sein, welche Vorkehrungen erforderlich sind und wie sie dazu beitragen, die Arbeit effektiv auszuführen. Dieses Gespräch kann oft durch die Personalabteilung oder während der Stellenangebotsphase erleichtert werden.

Darüber hinaus ist es wichtig, potenzielle Arbeitgeber auf ihre Einbindung und Unterstützung hin zu bewerten. Unternehmen mit Diversitäts- und Inklusionsprogrammen, Mitarbeiterressourcengruppen für neurodiverse Personen und einer Erfolgsbilanz bei der Unterbringung von Mitarbeitern mit Behinderungen bieten eher ein unterstützendes Arbeitsumfeld. Das Lesen von Unternehmensbewertungen, die Recherche zu deren Richtlinien und Gespräche mit aktuellen oder ehemaligen Mitarbeitern können Einblicke in deren Kultur und Praktiken gewähren.

Um den richtigen Karriereweg zu finden, müssen die eigenen Stärken und Interessen mit potenziellen Stellenangeboten in Einklang gebracht werden, während die Steuerung des Jobsuchprozesses maßgeschneiderte Strategien für die Erstellung von Bewerbungsunterlagen, Networking, Vorstellungsgesprächen und die Suche nach Unterkünften erfordert. Mithilfe dieser Ansätze können autistische Frauen Herausforderungen meistern und erfolgreiche, erfüllende Karrieren aufbauen, die ihre einzigartigen Talente und Leidenschaften nutzen.

Arbeitsplatzunterkünfte und Interessenvertretung

Gesetzliche Rechte und Schutzmaßnahmen verstehen

Um sich als autistische Frau am Arbeitsplatz zurechtzufinden, muss man die gesetzlichen Rechte und Schutzmaßnahmen verstehen, die eine faire Behandlung und Chancengleichheit gewährleisten sollen. Das Bewusstsein für diese Rechte versetzt den Einzelnen in die Lage, sich für die notwendigen Vorkehrungen einzusetzen und ein unterstützendes Arbeitsumfeld zu schaffen.

In vielen Ländern schützen Gesetze wie der Americans with Disabilities Act (ADA) in den Vereinigten Staaten, der Equality Act im Vereinigten Königreich und ähnliche Gesetze in anderen Ländern die Rechte von Arbeitnehmern mit Behinderungen, einschließlich Autismus. Diese Gesetze schreiben vor, dass Arbeitgeber qualifizierten Personen angemessene Vorkehrungen bieten, um sicherzustellen, dass sie ihre Arbeitspflichten effektiv erfüllen können.

Unter diesen rechtlichen Rahmenbedingungen wird Autismus als eine Behinderung anerkannt, die möglicherweise Anpassungen erfordert. Angemessene Vorkehrungen sind Anpassungen oder Modifikationen des Arbeitsumfelds oder der Art und Weise, wie Arbeitsaufgaben ausgeführt werden, die Mitarbeitern mit Behinderungen gleiche Beschäftigungsmöglichkeiten ermöglichen.

Beispiele hierfür sind flexible Arbeitszeiten, ruhige Arbeitsplätze, unterstützende Technologie und veränderte Kommunikationsmethoden.

Für autistische Frauen ist es wichtig, sich mit den spezifischen Schutzmaßnahmen und Rechten vertraut zu machen, die ihnen durch die einschlägigen Gesetze gewährt werden. Dieses Wissen bildet die Grundlage für die Beantragung von Unterkünften und das Eintreten für eine faire Behandlung. Das Verständnis dieser Rechte hilft auch dabei, Fälle von Diskriminierung oder Nichteinhaltung durch Arbeitgeber zu erkennen.

Darüber hinaus verfügen Organisationen häufig über Richtlinien und Verfahren für die Beantragung von Unterkünften. Diese Richtlinien können in Mitarbeiterhandbüchern beschrieben sein oder über die Personalabteilungen erhältlich sein. Mitarbeiter sollten diese Ressourcen durchsehen, um die richtigen Kanäle für die Einreichung von Unterkunftsanfragen und die möglicherweise erforderliche Dokumentation zu verstehen.

Sich für notwendige Vorkehrungen einzusetzen, ist eine entscheidende Fähigkeit für autistische Frauen am Arbeitsplatz. Zu einer wirksamen Interessenvertretung gehört eine klare Kommunikation, das Verstehen der eigenen Bedürfnisse und die Zusammenarbeit mit Arbeitgebern, um ein unterstützendes Umfeld zu schaffen.

Der erste Schritt beim Eintreten für Unterkünfte besteht darin, spezifische Bedürfnisse zu ermitteln. Dieser Prozess beinhaltet Selbstreflexion und gegebenenfalls die Rücksprache mit medizinischem Fachpersonal oder Ergotherapeuten. Das Verständnis, wie sich Autismus auf die Arbeitsleistung auswirkt, und das Erkennen besonderer Herausforderungen – wie sensorische Empfindlichkeiten, Kommunikationsschwierigkeiten oder die Notwendigkeit strukturierter Routinen – kann bei der Anfrage nach einer Unterbringung hilfreich sein.

Sobald spezifische Bedürfnisse identifiziert wurden, besteht der nächste Schritt darin, diese Bedürfnisse dem Arbeitgeber mitzuteilen. Diese Kommunikation sollte klar und prägnant sein und sich darauf konzentrieren, wie die Vorkehrungen eine effektive Arbeitsleistung ermöglichen. Ein Mitarbeiter könnte beispielsweise erklären: „Ich habe sensorische Empfindlichkeiten, die meine Konzentration beeinträchtigen. Ein ruhiger Arbeitsplatz oder Kopfhörer mit Geräuschunterdrückung helfen mir, mich zu konzentrieren und produktiver zu sein."

Es ist wichtig, die Anfrage im Hinblick auf die Arbeitsleistung und die Vorteile sowohl für den Arbeitnehmer als auch für den Arbeitgeber zu formulieren. Wenn Sie betonen, wie die Unterbringung die Produktivität, Effizienz und allgemeine Arbeitszufriedenheit steigert, kann dies ein überzeugendes Argument für Unterstützung sein.

Wenn Sie mit einem Arbeitgeber über Unterbringungsmöglichkeiten sprechen, ist es hilfreich, konkrete Beispiele und mögliche Lösungen anzugeben. Wenn beispielsweise eine flexible Arbeitszeitgestaltung erforderlich ist, könnte der Mitarbeiter vorschlagen, den Arbeitstag früher oder später zu beginnen, um Spitzenzeiten beim Pendeln zu vermeiden. Die Bereitstellung konkreter Beispiele zeigt einen proaktiven Ansatz und hilft dem Arbeitgeber zu verstehen, wie die Vorkehrungen umzusetzen sind.

In manchen Fällen kann es von Vorteil sein, Unterstützung von der Personalabteilung oder einem Mitarbeiterhilfsprogramm (EAP) in Anspruch zu nehmen. Diese Ressourcen können zusätzliche Beratung und Vermittlung bieten, wenn es Schwierigkeiten bei der Beschaffung einer Unterkunft gibt. Personalfachleute sind häufig für die Bearbeitung von Unterkunftsanfragen geschult und können Gespräche zwischen Mitarbeitern und Vorgesetzten erleichtern.

Auch die Dokumentation ist ein wichtiger Aspekt beim Eintreten für Unterkünfte. Durch das Führen von Aufzeichnungen über Kommunikation, Unterkunftsanfragen und etwaige Antworten des Arbeitgebers wird sichergestellt, dass der Prozess klar nachvollziehbar ist. Diese Dokumentation kann hilfreich sein, wenn es Streitigkeiten gibt oder weitere Maßnahmen erforderlich sind.

Widersetzt sich ein Arbeitgeber der Gewährung von Vorkehrungen oder liegen Diskriminierungsfälle vor, kann es erforderlich sein, externe Unterstützung in Anspruch zu nehmen. Rechtsberatung durch einen auf Arbeitsrecht spezialisierten Anwalt oder die Unterstützung von Behindertenschutzorganisationen können zusätzliche Ressourcen und Anleitung bieten. Diese Einrichtungen können dabei helfen, sich in der Rechtslandschaft zurechtzufinden und sicherzustellen, dass Rechte gewahrt bleiben.

Zusammenfassend lässt sich sagen, dass das Verständnis der gesetzlichen Rechte und Schutzmaßnahmen für autistische Frauen am Arbeitsplatz von grundlegender Bedeutung ist. Indem Einzelpersonen die relevanten Gesetze kennen und sich effektiv für die notwendigen Vorkehrungen einsetzen, können sie ein unterstützendes Arbeitsumfeld schaffen, das es ihnen ermöglicht, beruflich erfolgreich zu sein. Klare Kommunikation, proaktive Planung und die Nutzung verfügbarer Ressourcen sind Schlüsselstrategien in diesem Interessenvertretungsprozess und stellen sicher, dass der Arbeitsplatz für alle Mitarbeiter inklusiv und gleichberechtigt ist.

Kapitel 9

Bildung und lebenslanges Lernen

Streben nach höherer Bildung

<u>Navigieren in Hochschul- und Universitätsumgebungen</u>

Für autistische Frauen bietet das Streben nach höherer Bildung sowohl Chancen als auch Herausforderungen. Hochschulen und Universitäten bieten vielfältige akademische und soziale Erfahrungen, der Übergang in diese Umgebungen kann jedoch entmutigend sein. Das Verständnis der Landschaft und die Nutzung verfügbarer Ressourcen sind für eine erfolgreiche Studienreise von entscheidender Bedeutung.

Der erste Schritt bei der Orientierung im Hochschulbereich ist die Auswahl der richtigen Institution. Zu den zu berücksichtigenden Faktoren gehören die Größe des Campus, die Verfügbarkeit von Unterstützungsdiensten, die Klassengröße und die allgemeine Campuskultur. Viele Universitäten verfügen über spezielle Büros für Behindertendienste, die Unterkünfte und Unterstützung für Studierende mit Behinderungen, einschließlich Autismus, bieten. Die Recherche und Besichtigung potenzieller Standorte kann dabei helfen, eine fundierte Entscheidung zu treffen.

Nach der Immatrikulation ist es unbedingt erforderlich, eine Verbindung zum Behindertenservice der Universität herzustellen. Dieses Büro kann Vorkehrungen wie längere Prüfungszeiten, Unterstützung beim Notizenmachen und ruhige Räume zum Lernen ermöglichen. Es ist wichtig, sich frühzeitig beim Behindertendienst anzumelden, um sicherzustellen, dass entsprechende Vorkehrungen getroffen werden, bevor die akademischen Anforderungen steigen.

Der Aufbau eines Unterstützungsnetzwerks ist ein weiterer wichtiger Aspekt beim Studium. Der Kontakt zu Gleichgesinnten, der Beitritt zu Clubs oder Organisationen und die Suche nach Mentoren können ein Gefühl der Gemeinschaft und Zugehörigkeit vermitteln. An vielen Universitäten gibt es autismusspezifische Selbsthilfegruppen oder Neurodiversitätsclubs, die soziale und akademische

Unterstützung bieten. Diese Gruppen können eine wertvolle Ressource für den Austausch von Erfahrungen und Erfolgsstrategien sein.

Zeitmanagement und Organisation sind entscheidende Fähigkeiten für den akademischen Erfolg in der Hochschulbildung. Die Entwicklung eines strukturierten Zeitplans, der Unterrichtszeiten, Lernsitzungen und Entspannungsphasen umfasst, kann dabei helfen, die erhöhte Arbeitsbelastung zu bewältigen. Tools wie Planer, Kalender und digitale Apps können dabei helfen, den Überblick über Aufgaben und Fristen zu behalten. Die Etablierung einer konsistenten Routine kann Ängste reduzieren und die Produktivität steigern.

Im Unterricht ist Selbstvertretung wichtig. Die Kommunikation mit Professoren über spezifische Bedürfnisse, wie z. B. Sitzplatzpräferenzen oder den Einsatz unterstützender Technologie, kann eine förderliche Lernumgebung gewährleisten. Es ist hilfreich, diese Diskussionen mit Zuversicht und Klarheit anzugehen und sich darauf zu konzentrieren, wie diese Vorkehrungen das Lernen und die Teilnahme erleichtern.

Sich in den sozialen Aspekten des Universitätslebens zurechtzufinden, kann herausfordernd, aber lohnend sein. Die Teilnahme an gesellschaftlichen Veranstaltungen, die Teilnahme an Lerngruppen und die Teilnahme an Aktivitäten auf dem Campus können das College-Erlebnis verbessern. Es ist wichtig, soziale Interaktionen mit persönlichen Ausfallzeiten in Einklang zu bringen, um einem Burnout vorzubeugen. Das Erkennen persönlicher Grenzen und die Ausübung von Selbstfürsorge sind für die Aufrechterhaltung des Wohlbefindens unerlässlich.

Strategien für den akademischen Erfolg
Der akademische Erfolg in der Hochschulbildung erfordert eine Kombination aus effektiven Lerngewohnheiten, Ressourcennutzung und Selbstfürsorgepraktiken. Für autistische Frauen können maßgeschneiderte Strategien, die auf ihre individuellen Stärken und Herausforderungen abgestimmt sind, einen erheblichen Unterschied machen.

Eine wirksame Strategie besteht darin, große Aufgaben in kleinere, überschaubare Aufgaben aufzuteilen. Dieser Ansatz kann die Überforderung reduzieren und einen klaren Fahrplan für den Abschluss von Projekten bereitstellen. Das Festlegen spezifischer Ziele und Fristen für jede Aufgabe kann die Konzentration und Motivation steigern. Das Feiern kleiner Erfolge auf dem Weg dorthin kann auch die Moral stärken und die Dynamik aufrechterhalten.

Aktive Lerntechniken, wie das Zusammenfassen von Informationen in eigenen Worten, das Erstellen visueller Hilfsmittel und das Vermitteln von Konzepten an andere, können das Verständnis und die Merkfähigkeit stärken. Durch den Einsatz verschiedener Lernmethoden wie Karteikarten, Mindmaps und Übungsprüfungen können unterschiedliche Lernstile berücksichtigt und das Lernen ansprechender gestaltet werden.

Die Suche nach akademischer Unterstützung ist von entscheidender Bedeutung. Viele Universitäten bieten Nachhilfedienste, Schreibzentren und Lerngruppen an, die zusätzliche Unterstützung bieten können. Die frühzeitige Nutzung dieser Ressourcen kann akademische Schwierigkeiten verhindern und eine kontinuierliche Verbesserung fördern. Auch die Bildung von Lerngruppen mit

Kommilitonen kann für gegenseitige Unterstützung und vielfältige Sichtweisen auf den Stoff sorgen.

Effektives Notizenmachen ist eine weitere wichtige Fähigkeit. Mit Methoden wie dem Cornell-Notizsystem, Bullet Journaling oder digitalen Notiz-Apps können Informationen organisiert und wichtige Punkte hervorgehoben werden. Das regelmäßige Durchsehen und Zusammenfassen von Notizen kann das Lernen vertiefen und sich auf Prüfungen vorbereiten.

Zeitmanagement ist wichtig, um akademische Verantwortung und Privatleben in Einklang zu bringen. Die Priorisierung von Aufgaben, die Vermeidung von Aufschub und die Planung regelmäßiger Lernsitzungen können die Effizienz verbessern. Um einem Burnout vorzubeugen und eine gesunde Work-Life-Balance aufrechtzuerhalten, ist es außerdem wichtig, Pausen und Freizeitaktivitäten in den Zeitplan einzuplanen.

Selbstpflegepraktiken wie regelmäßige Bewegung, ausreichend Schlaf und gesunde Ernährung unterstützen die kognitiven Funktionen und das allgemeine Wohlbefinden. Stressbewältigung durch

Achtsamkeitstechniken wie tiefes Atmen, Meditation und Yoga kann die Konzentration verbessern und Ängste reduzieren. Das Finden von Entspannungsaktivitäten, die persönlich Anklang finden, wie Lesen, Zeichnen oder Zeit in der Natur verbringen, kann für notwendige mentale Pausen sorgen.

Zusammenfassend lässt sich sagen, dass das Streben nach höherer Bildung als autistische Frau strategische Planung, effektive Ressourcennutzung und Selbstvertretung erfordert. Durch das Verständnis des Hochschulumfelds, den Aufbau eines Unterstützungsnetzwerks und die Umsetzung maßgeschneiderter akademischer Strategien können Studierende ihren Bildungsweg erfolgreich meistern. Diese Bemühungen ebnen nicht nur den Weg zu akademischen Erfolgen, sondern tragen auch zu persönlichem Wachstum und einer erfüllenden College-Erfahrung bei.

Lebenslanges Lernen und Kompetenzentwicklung

<u>Möglichkeiten für Weiterbildung und persönliches Wachstum</u>

Lebenslanges Lernen ist ein wesentlicher Aspekt der persönlichen und beruflichen Entwicklung, insbesondere für autistische Frauen, für die traditionelle Bildungswege möglicherweise eine Herausforderung darstellen. Die Förderung des lebenslangen Lernens kann Einzelpersonen dabei helfen, in sich entwickelnden Bereichen auf dem Laufenden zu bleiben, neue Fähigkeiten zu entwickeln und persönliche Interessen zu verfolgen. Es gibt zahlreiche Weiterbildungsmöglichkeiten, die auf unterschiedliche Lernstile und Interessen eingehen.

Eine Möglichkeit für lebenslanges Lernen ist die Anmeldung zu Community-College-Kursen oder Erwachsenenbildungsprogrammen. Diese Einrichtungen bieten oft flexible Zeitplanung, Teilzeitkurse und ein breites Fächerspektrum an. Diese Flexibilität ermöglicht es dem Einzelnen, das Lernen mit anderen Verantwortlichkeiten wie Arbeit oder familiären Verpflichtungen in Einklang zu bringen. Community Colleges bieten unter Umständen auch Zertifikatsprogramme an, die den Studierenden spezifische Fähigkeiten vermitteln, die für ihre Karriereziele relevant sind, und sie so auf dem Arbeitsmarkt wettbewerbsfähiger machen.

Universitäten und Hochschulen bieten häufig außeruniversitäre Studiengänge, Workshops und Seminare für die breite Öffentlichkeit an. Diese Programme können spezielle Themen wie kreatives Schreiben, digitales Marketing oder fortgeschrittene Computerkenntnisse abdecken und Möglichkeiten zur persönlichen Bereicherung und beruflichen Weiterentwicklung bieten. Die Teilnahme an diesen Programmen kann dazu beitragen, eine solide Grundlage an Wissen und Fähigkeiten aufzubauen, die in verschiedenen Kontexten anwendbar sind.

Berufsverbände und Organisationen bieten häufig Schulungs- und Zertifizierungsprogramme in bestimmten Bereichen an. Diese Programme zielen darauf ab, Fachwissen und Qualifikationen zu verbessern und den Einzelnen in seinem Beruf wertvoller zu machen. Beispielsweise kann eine Projektmanagement-Zertifizierung oder eine fortgeschrittene IT-Zertifizierung neue

Karrieremöglichkeiten eröffnen und die Verdienstmöglichkeiten erhöhen.

Berufsschulen und technische Institute sind weitere hervorragende Quellen für den Erwerb praktischer Fähigkeiten. Diese Einrichtungen bieten Ausbildungen in handwerklichen und technischen Bereichen wie Kochkunst, Kfz-Reparatur und Gesundheitsfürsorge an. Der praktische Charakter dieser Programme kann besonders für autistische Frauen von Vorteil sein, die sich in taktilen Lernumgebungen auszeichnen.

Zusätzlich zur formalen Bildung kann persönliches Wachstum durch Hobbys und Interessen verfolgt werden. Der Beitritt zu Clubs, der Besuch von Workshops oder die Teilnahme an lokalen Gemeinschaftsaktivitäten können Möglichkeiten bieten, neue Fähigkeiten zu erlernen, Gleichgesinnte zu treffen und das eigene Leben zu bereichern. Hobbys wie Malen, Gartenarbeit oder das Spielen eines Musikinstruments fördern nicht nur die Kreativität, sondern tragen auch zum geistigen Wohlbefinden bei.

<u>Online-Ressourcen und Community-Programme</u>
Das Aufkommen der digitalen Technologie hat den Zugang zu Bildung und die Kompetenzentwicklung revolutioniert. Online-Ressourcen und Community-Programme bieten flexible und zugängliche Optionen für lebenslanges Lernen und ermöglichen es Einzelpersonen, sich in ihrem eigenen Tempo und bequem von zu Hause aus weiterzubilden.

Massive Open Online Courses (MOOCs) sind eine beliebte Option für Online-Lernen. Plattformen wie Coursera, edX und Udacity bieten Kurse renommierter Universitäten und Institutionen zu einem breiten Themenspektrum an. Diese Kurse umfassen häufig Videovorträge, Lesungen, Aufgaben und Diskussionsforen und bieten so ein umfassendes Lernerlebnis. Viele MOOCs sind kostenlos oder zu einem geringen Preis erhältlich und somit einem breiten Publikum zugänglich.

Webinare und Online-Workshops sind weitere wertvolle Ressourcen. Diese Veranstaltungen konzentrieren sich in der Regel auf bestimmte Themen und bieten interaktive Lernerfahrungen. Branchenexperten und Fachleute leiten häufig

Webinare und bieten Einblicke und praktisches Wissen. Die Teilnahme an diesen Sitzungen kann das Verständnis aktueller Trends und Best Practices in verschiedenen Bereichen verbessern.

Abonnementbasierte Lernplattformen wie Skillshare, LinkedIn Learning und MasterClass bieten umfangreiche Bibliotheken mit Videokursen zu Themen von Wirtschaft und Technologie bis hin zu Kunst und persönlicher Entwicklung. Auf diesen Plattformen können Benutzer häufig in ihrem eigenen Tempo lernen und Inhalte bei Bedarf erneut aufrufen. Das Abonnementmodell bietet kontinuierlichen Zugriff auf neue Kurse und Updates und unterstützt so die kontinuierliche Weiterbildung.

Community-Programme, sowohl online als auch offline, bieten Möglichkeiten zum Lernen und zur Vernetzung. Lokale Bibliotheken, Gemeindezentren und gemeinnützige Organisationen veranstalten häufig Bildungsprogramme, Workshops und Selbsthilfegruppen. Diese Programme können eine Vielzahl von Themen abdecken, darunter Sprachenlernen, Computerkenntnisse, Finanzmanagement sowie Gesundheit und

Wohlbefinden. Die Teilnahme an Gemeinschaftsprogrammen fördert das Zugehörigkeitsgefühl und kann ein unterstützendes Netzwerk für die Weiterbildung bieten.

Auch Online-Foren und Social-Media-Gruppen, die sich auf bestimmte Interessen oder Berufsfelder konzentrieren, können für das Lernen und Networking von unschätzbarem Wert sein. Diese Communities ermöglichen es Einzelpersonen, Wissen auszutauschen, Fragen zu stellen und Unterstützung von Kollegen zu erhalten. Die Teilnahme an diesen Gruppen kann autistischen Frauen dabei helfen, Mentoren zu finden, an Projekten mitzuarbeiten und über Branchenentwicklungen auf dem Laufenden zu bleiben.

Lebenslanges Lernen und die Entwicklung von Fähigkeiten sind entscheidend für die persönliche und berufliche Entwicklung. Dank der Fülle an Möglichkeiten, die Community Colleges, Universitäten, Berufsschulen, Online-Plattformen und Community-Programme bieten, können autistische Frauen ihr Wissen und ihre Fähigkeiten kontinuierlich verbessern. Die Nutzung dieser

Möglichkeiten fördert nicht nur die persönliche Erfüllung, sondern trägt auch zur Widerstandsfähigkeit und Anpassungsfähigkeit in einer sich ständig verändernden Welt bei.

Kapitel 10

Elternschaft und Familienleben

Erziehung als autistische Frau

Elternverantwortung und persönliche Bedürfnisse in Einklang bringen

Eltern zu sein ist eine anspruchsvolle und lohnende Aufgabe, und für autistische Frauen kann die Vereinbarkeit von elterlicher Verantwortung und persönlichen Bedürfnissen eine einzigartige Herausforderung darstellen. Auf dieser Reise geht es darum, sensorische Empfindlichkeiten, soziale Interaktionen und das Bedürfnis nach Routine zu bewältigen und gleichzeitig das Wohlbefinden und die Entwicklung ihrer Kinder sicherzustellen. Das Verständnis und die Bewältigung dieser Herausforderungen sind für die Schaffung eines harmonischen Familienlebens von entscheidender Bedeutung.

Einer der entscheidenden Aspekte bei der Vereinbarkeit von Elternschaft und persönlichen Bedürfnissen ist die Festlegung von Routinen, die sowohl für die Eltern als auch für das Kind funktionieren. Autistische Frauen leben oft von Struktur und Vorhersehbarkeit, was auch Kindern zugute kommen kann, indem es ihnen ein stabiles und sicheres Umfeld bietet. Das Erstellen von Tagesplänen, die festgelegte Zeiten für Mahlzeiten, Aktivitäten und Schlafenszeiten enthalten, hilft dabei, die Erwartungen zu bewältigen und den Stress sowohl für die Eltern als auch für das Kind zu reduzieren.

Selbstfürsorge ist für autistische Mütter von entscheidender Bedeutung, um ihr Wohlbefinden zu erhalten. Dazu gehört, sich Zeit für Entspannung, Hobbys oder Aktivitäten zu nehmen, die dabei helfen, neue Energie zu tanken. Es ist wichtig zu erkennen, dass es nicht egoistisch ist, auf sich selbst zu achten, sondern notwendig, um ein effektiverer und präsenterer Elternteil zu sein. Strategien wie Achtsamkeit, Yoga oder einfach ein ruhiger Moment können sich erheblich auf die allgemeine Gesundheit und das Stressniveau auswirken.

Der Aufbau eines Unterstützungsnetzwerks ist ein weiteres wichtiges Element beim Ausgleich der elterlichen Verantwortung. Dieses Netzwerk kann

Partner, Familienmitglieder, Freunde und professionelle Unterstützung wie Therapeuten oder Berater umfassen. Ein unterstützender Partner kann die Erziehungslast übernehmen und für Ruhe und Verständnis sorgen. Familie und Freunde können praktische Hilfe anbieten, wie z. B. Babysitten oder Besorgungen erledigen, damit die autistische Mutter Zeit hat, sich auf ihre Bedürfnisse zu konzentrieren.

Auch eine effektive Kommunikation innerhalb der Familie ist unerlässlich. Durch die klare Formulierung von Bedürfnissen, Grenzen und Erwartungen können Missverständnisse und Konflikte vermieden werden. Der Einsatz visueller Hilfsmittel wie Diagramme oder Zeitpläne kann dazu beitragen, Informationen klarer zu vermitteln und den Bedarf an mündlichen Erklärungen zu verringern, die ermüdend sein können.

Sensorische Empfindlichkeiten können bestimmte Erziehungsaufgaben zu einer Herausforderung machen. Beispielsweise kann der Umgang mit Lärm, chaotischen Umgebungen oder körperlicher Berührung überwältigend sein. Das Erkennen und Umsetzen von Bewältigungsstrategien, wie z. B. die Verwendung von Kopfhörern mit

Geräuschunterdrückung, die Schaffung sensorfreundlicher Räume zu Hause oder das Einplanen ruhiger Zeiten, kann bei der Bewältigung dieser Herausforderungen hilfreich sein. Kindern die Sinnesbedürfnisse beizubringen und sie zu ermutigen, persönliche Grenzen zu respektieren, kann auch zu einem unterstützenderen und verständnisvolleren Umfeld führen.

<u>Aufbau eines unterstützenden familiären Umfelds</u>

Die Schaffung eines unterstützenden familiären Umfelds ist sowohl für die autistische Mutter als auch für ihre Kinder von entscheidender Bedeutung. Dazu gehört die Förderung einer häuslichen Atmosphäre, die Verständnis, Empathie und offene Kommunikation schätzt.

Bildung und Bewusstsein sind von grundlegender Bedeutung. Den Familienmitgliedern zu helfen, Autismus und seine Auswirkungen zu verstehen, kann Empathie aufbauen und potenzielle Frustrationen reduzieren. Eine offene Diskussion über sensorische Bedürfnisse, soziale Herausforderungen und die Bedeutung von Routine kann zu einem entgegenkommenderen und harmonischeren Haushalt führen. Die Bereitstellung von Ressourcen wie Büchern, Artikeln oder die Teilnahme an Familientherapiesitzungen kann dieses Verständnis vertiefen.

Familienroutinen und Rituale können Bindungen stärken und für Vorhersehbarkeit sorgen. Regelmäßige Familienaktivitäten wie Spieleabende, Ausflüge oder gemeinsame Mahlzeiten schaffen Möglichkeiten für Kontakte und Freude. Diese Routinen bieten Komfort und Stabilität und sorgen dafür, dass sich Familienmitglieder sicherer und wertgeschätzt fühlen.

Es ist auch wichtig, Kinder zu ermutigen, Empathie und Unabhängigkeit zu entwickeln. Wenn man Kindern die Bedürfnisse ihrer Mutter erklärt und ihnen erklärt, wie sie sie unterstützen können, fördert dies ein Gefühl von Verantwortung und Freundlichkeit. Gleichzeitig trägt die Förderung ihrer Unabhängigkeit durch altersgerechte Aufgaben und Verantwortlichkeiten dazu bei, dass sie sich zu selbstständigen Individuen entwickeln und so die Gesamtbelastung der Eltern verringert.

Eine offene und ehrliche Kommunikation über Gefühle und Bedürfnisse sollte gefördert werden. Durch die Schaffung einer Familienkultur, in der sich jeder sicher äußern kann, können Missverständnisse vermieden und Vertrauen aufgebaut werden. Auch die Durchführung regelmäßiger Familientreffen zur Besprechung etwaiger Probleme oder zur Planung von Aktivitäten kann von Vorteil sein.

Unterstützung durch externe Quellen, wie Selbsthilfegruppen für autistische Eltern oder Elternkurse, kann zusätzliche Orientierung und Gemeinschaft bieten. Diese Gruppen bieten eine Plattform, um Erfahrungen auszutauschen, Erkenntnisse zu gewinnen und emotionale Unterstützung von anderen zu finden, die ähnliche Herausforderungen verstehen. Der Zugang zu professioneller Unterstützung, etwa von Familienberatern oder Autismus-Spezialisten, kann ebenfalls maßgeschneiderte Strategien für den Umgang mit Familiendynamiken und die Berücksichtigung spezifischer Bedürfnisse bieten.

Um als autistische Frau elterliche Pflichten mit persönlichen Bedürfnissen in Einklang zu bringen, müssen Routinen geschaffen, Selbstfürsorge geübt, ein Unterstützungsnetzwerk aufgebaut und mit sensorischen Empfindlichkeiten umgegangen werden. Die Schaffung eines unterstützenden familiären Umfelds durch Bildung, Empathie, Routine und offene Kommunikation ist für das Wohlergehen sowohl der Mutter als auch ihrer Kinder von entscheidender Bedeutung. Durch die Übernahme dieser Strategien können autistische Mütter ein fürsorgliches und harmonisches Familienleben schaffen, das das Wachstum und die Verbindung aller Familienmitglieder fördert.

Unterstützung autistischer Kinder

<u>Strategien zum Verständnis und zur Unterstützung autistischer Kinder</u>

Um autistische Kinder innerhalb der Familie zu verstehen und zu unterstützen, müssen spezifische Strategien übernommen werden, die auf ihre individuellen Bedürfnisse eingehen. Es beginnt damit, ein umfassendes Verständnis von Autismus und seinen individuellen Auswirkungen auf jedes Kind zu erlangen. Es ist von entscheidender Bedeutung zu erkennen, dass Autismus eine Spektrumsstörung ist, was bedeutet, dass jedes Kind unterschiedliche Stärken, Herausforderungen und Verhaltensweisen zeigen kann.

Bildung ist die Grundlage des Verstehens. Eltern sollten sich durch Bücher, Online-Ressourcen und Konsultationen mit Autismus-Spezialisten über Autismus informieren. Das Erlernen allgemeiner Merkmale und Verhaltensweisen wie sensorische Empfindlichkeiten, Kommunikationsunterschiede und soziale Herausforderungen kann Eltern dabei helfen, die Erfahrungen ihres Kindes besser zu verstehen. Darüber hinaus kann die Einholung professioneller Beurteilungen und Beratung durch

Kinderärzte, Psychologen oder Ergotherapeuten wertvolle Erkenntnisse über die spezifischen Bedürfnisse und Stärken des Kindes liefern.

Eine effektive Kommunikation mit einem autistischen Kind erfordert Geduld und Anpassungsfähigkeit. Viele autistische Kinder haben möglicherweise Schwierigkeiten mit der verbalen Kommunikation, daher können Eltern alternative Kommunikationsmethoden wie Bildaustauschsysteme, Gebärdensprache oder sprachgenerierende Geräte ausprobieren. Die Verwendung klarer, einfacher Sprache und visueller Hilfsmittel wie Zeitpläne und soziale Geschichten können dem Kind auch dabei helfen, Erwartungen zu verstehen und sich im Alltag zurechtzufinden.

Die Schaffung einer strukturierten Umgebung ist für autistische Kinder von Vorteil, da Vorhersehbarkeit und Routine Ängste reduzieren und das Verhalten verbessern können. Durch die Festlegung konsistenter Tagespläne mit bestimmten Zeiten für Mahlzeiten, Aktivitäten und Schlafenszeit weiß das Kind, was es erwartet. Visuelle Zeitpläne, die zu Hause gut sichtbar angebracht werden können, bieten dem Kind eine greifbare Referenz, wodurch

Übergänge reibungsloser gestaltet und Unsicherheiten verringert werden.

Sinnesempfindlichkeiten sind ein häufiger Aspekt von Autismus und die Berücksichtigung dieser Bedürfnisse ist für das Wohlbefinden des Kindes von entscheidender Bedeutung. Eltern sollten die sensorischen Vorlieben und Abneigungen ihres Kindes beobachten und identifizieren, sei es die Empfindlichkeit gegenüber Lärm, Licht, Texturen oder anderen Reizen. Die Schaffung einer sinnesfreundlichen Wohnumgebung mit ausgewiesenen Ruheräumen und sensorischen Hilfsmitteln wie Gewichtsdecken oder Kopfhörern mit Geräuschunterdrückung kann dazu beitragen, dass sich das Kind wohler und sicherer fühlt.

Positive Verstärkung ist ein wirksames Instrument zur Unterstützung autistischer Kinder. Das Anerkennen und Feiern ihrer Erfolge, egal wie klein, stärkt ihr Selbstvertrauen und fördert positives Verhalten. Die Verwendung von Belohnungen, die für das Kind von Bedeutung sind, wie z. B. Lieblingsbeschäftigungen, Spielzeug oder Leckereien, verstärkt gewünschte Verhaltensweisen und fördert das Erfolgserlebnis.

Eine inklusive Familiendynamik schaffen

Um eine integrative Familiendynamik zu schaffen, muss sichergestellt werden, dass sich alle Familienmitglieder, einschließlich des autistischen Kindes, wertgeschätzt, verstanden und unterstützt fühlen. Dies erfordert die Förderung eines Umfelds der Empathie, Kommunikation und gegenseitigen Respekts.

Die Aufklärung von Geschwistern und anderen Familienmitgliedern über Autismus ist ein entscheidender erster Schritt. Ihnen zu helfen, zu verstehen, was Autismus ist und wie er sich auf ihre Geschwister auswirkt, fördert Empathie und Geduld. Wenn Geschwister dazu ermutigt werden, Fragen zu stellen und ihre Gefühle auszudrücken, entsteht ein offener Dialog, der die familiären Bindungen stärken kann. Die Bereitstellung altersgerechter Ressourcen wie Bücher oder Videos zum Thema Autismus kann dieses Verständnis erleichtern.

Die Förderung inklusiver Familienaktivitäten ist von wesentlicher Bedeutung. Das Finden von Aktivitäten, die alle gemeinsam genießen können und die die Interessen und Sinnesbedürfnisse des autistischen Kindes berücksichtigen, trägt dazu bei, gemeinsame positive Erfahrungen zu schaffen. Ob Spieleabend mit der Familie, Outdoor-Aktivitäten oder kreative Projekte – diese Momente fördern Verbindung und Einheit. Flexibilität bei der Planung dieser Aktivitäten ist wichtig, um den Bedürfnissen des autistischen Kindes gerecht zu werden und gleichzeitig sicherzustellen, dass alle Freude daran haben.

Die Förderung der Beteiligung der Geschwister am Leben des autistischen Kindes ist für beide Seiten von Vorteil. Geschwister können lernen, eine unterstützende Rolle zu spielen, indem sie im Alltag helfen, sich für gemeinsame Interessen engagieren oder einfach schöne Zeit miteinander verbringen. Dies stärkt nicht nur die Geschwisterbindung, sondern hilft dem autistischen Kind auch, sich einbezogen und unterstützt zu fühlen.

Eine offene und ehrliche Kommunikation ist der Schlüssel zur Aufrechterhaltung einer harmonischen Familiendynamik. Regelmäßige Familientreffen, bei denen jeder seine Gedanken, Sorgen und Ideen austauschen kann, bieten eine Plattform, um alle

Probleme anzusprechen und Erfolge zu feiern. Wenn sichergestellt wird, dass die Stimme des autistischen Kindes in diesen Gesprächen gehört und respektiert wird, stärkt dies sein Zugehörigkeitsgefühl.

Das Gleichgewicht zwischen Aufmerksamkeit und Unterstützung aller Familienmitglieder ist entscheidend, um Gefühle der Vernachlässigung oder des Grolls zu vermeiden. Eltern sollten bestrebt sein, auf die Bedürfnisse jedes Kindes einzugehen und sich darüber im Klaren sein, dass das autistische Kind zwar möglicherweise zusätzliche Unterstützung benötigt, die Bedürfnisse und das Wohlergehen anderer Kinder jedoch ebenso wichtig sind. Wenn Sie mit jedem Kind Einzelgespräche führen, können Sie individuelle Kontakte aufrechterhalten und auf seine individuellen Bedürfnisse eingehen.

Zusammenfassend bedeutet das Verstehen und Unterstützen autistischer Kinder, dass man sich selbst weiterbildet, effektive Kommunikationsstrategien nutzt, strukturierte Umgebungen schafft, auf sensorische Bedürfnisse eingeht und positive Verstärkung einsetzt. Der Aufbau einer integrativen Familiendynamik erfordert die Aufklärung der Geschwister, die Förderung integrativer Aktivitäten, die Förderung der Beteiligung der Geschwister, die Aufrechterhaltung einer offenen Kommunikation und die ausgewogene Aufmerksamkeit und Unterstützung aller Familienmitglieder. Diese Bemühungen tragen zu einem unterstützenden und harmonischen familiären Umfeld bei, in dem sich jeder wertgeschätzt und verbunden fühlt.

Kapitel 11

Interessenvertretung und gesellschaftliches Engagement

Anwalt werden

<u>So beteiligen Sie sich an Advocacy-Bemühungen</u>
Interessenvertretung ist ein wirksames Instrument, um gesellschaftlichen Wandel voranzutreiben und das Leben autistischer Menschen zu verbessern. Um Anwalt zu werden, sind mehrere Schritte erforderlich, beginnend mit der Selbstbildung. Es ist von grundlegender Bedeutung, die Feinheiten des Autismus zu verstehen, einschließlich der vielfältigen Erfahrungen autistischer Menschen und der Herausforderungen, denen sie gegenüberstehen. Dieses Wissen kann durch das Lesen von Büchern, die Teilnahme an Workshops und die Zusammenarbeit mit Autismus-Organisationen und Online-Communities erworben werden. Wenn Befürworter gut informiert sind, können sie selbstbewusst und präzise über Autismus sprechen.

Sobald Sie über Wissen verfügen, ist es entscheidend, einen Schwerpunkt zu finden. Dabei kann es sich um Interessenvertretung im Bildungsbereich, Arbeitsrechte, Zugang zur Gesundheitsversorgung oder allgemeines öffentliches Bewusstsein handeln. Die Eingrenzung eines bestimmten Anliegens hilft bei der Erstellung eines gezielten und wirksamen Interessenvertretungsplans. Das Eintreten für eine bessere Bildungsunterstützung könnte beispielsweise die Zusammenarbeit mit Schulen umfassen, um integrative Programme und Richtlinien zu entwickeln, während sich die Interessenvertretung im Beschäftigungsbereich auf die Förderung von Arbeitsunterkünften und Antidiskriminierungsrichtlinien konzentrieren könnte.

Die Vernetzung mit bestehenden Interessengruppen und Organisationen ist ein hervorragender Einstieg. Diese Gruppen verfügen häufig über etablierte Plattformen und Ressourcen, die die Interessenvertretung verstärken können. Der Beitritt zu lokalen oder nationalen Autismus-Befürwortungsorganisationen, die Teilnahme an deren Treffen und die Teilnahme an ihren Veranstaltungen können wertvolle Möglichkeiten bieten, einen Beitrag zu leisten und zu lernen. Organisationen wie die Autism Society, das Autistic Self Advocacy Network (ASAN) und Autism Speaks bieten verschiedene Möglichkeiten der Beteiligung.

Persönliche Erfahrungen zu nutzen, um Veränderungen voranzutreiben, ist eine der wirkungsvollsten Interessenvertretungsstrategien. Das Teilen persönlicher Geschichten und Herausforderungen, mit denen man als autistische Frau konfrontiert ist, kann das Thema humanisieren und eine starke Verbindung zum Publikum herstellen. Ob durch Vorträge, das Schreiben von Blogs oder Artikeln oder die Teilnahme an Medieninterviews – persönliche Erzählungen können die Realität des Lebens mit Autismus und die Notwendigkeit systemischer Veränderungen hervorheben. Es ist wichtig sicherzustellen, dass diese Geschichten mit Sensibilität und Respekt vor persönlichen Grenzen geteilt werden.

Soziale Medien sind ein weiteres wirksames Instrument der Interessenvertretung. Plattformen wie Twitter, Facebook und Instagram können ein breites

Publikum erreichen und schnell Aufmerksamkeit erregen. Das Erstellen informativer Beiträge, das Teilen von Nachrichten und Forschungsergebnissen sowie die Teilnahme an Diskussionen können zum Aufbau einer Unterstützergemeinschaft beitragen. Darüber hinaus kann die Organisation von Online-Kampagnen oder die Teilnahme an Aufklärungstagen wie dem Welt-Autismus-Bewusstseinstag die Botschaft der Interessenvertretung verstärken.

Die Zusammenarbeit mit politischen Entscheidungsträgern und Gesetzgebern ist für die Umsetzung sinnvoller Veränderungen von entscheidender Bedeutung. Befürworter können sich an ihre Vertreter vor Ort wenden, an öffentlichen Anhörungen teilnehmen und sich Lobbybemühungen anschließen, um Gesetze und Richtlinien durchzusetzen, die der autistischen Gemeinschaft zugute kommen. Für eine wirksame Interessenvertretung ist es von entscheidender Bedeutung, den Gesetzgebungsprozess zu verstehen und über aktuelle Gesetzentwürfe und Vorschläge informiert zu bleiben.

Um ein Fürsprecher zu werden, muss man sich weiterbilden, einen Schwerpunkt finden, sich mit Interessengruppen vernetzen, persönliche Erfahrungen nutzen, soziale Medien nutzen und mit politischen Entscheidungsträgern zusammenarbeiten. Jeder dieser Schritte trägt zum Aufbau einer stärkeren, fundierteren und wirkungsvolleren Interessenvertretung bei.

Aufbau integrativer Gemeinschaften

<u>Bewusstsein und Akzeptanz fördern</u>
Die Schaffung inklusiver Gemeinschaften beginnt mit der Förderung des Bewusstseins und der Akzeptanz von Autismus. Zur Sensibilisierung gehört es, die breite Öffentlichkeit darüber aufzuklären, was Autismus ist, über die Vielfalt innerhalb des Autismus-Spektrums und über die Herausforderungen und Stärken autistischer Menschen. Akzeptanz geht noch einen Schritt weiter, indem sie eine Gesellschaft fördert, die autistische Menschen in allen Aspekten des Lebens wertschätzt und einbezieht.

Öffentliche Aufklärungskampagnen sind wirksame Instrumente zur Sensibilisierung. Diese Kampagnen können verschiedene Formen annehmen, beispielsweise öffentliche Ankündigungen, Social-Media-Initiativen, Community-Workshops und Schulprogramme. Ziel ist es, Mythen und Missverständnisse über Autismus auszuräumen und genaue Informationen bereitzustellen. Das Hervorheben von Geschichten autistischer Menschen und ihrer Beiträge zur Gesellschaft kann dazu beitragen, die Wahrnehmung zu verändern und eine positivere und integrativere Sicht auf Autismus zu fördern.

Schulen und Bildungseinrichtungen spielen eine entscheidende Rolle bei der Förderung von Bewusstsein und Akzeptanz. Die Umsetzung integrativer Bildungsrichtlinien, die Bereitstellung von Autismus-Sensibilisierungsschulungen für Lehrer und Mitarbeiter sowie die Schaffung unterstützender Umgebungen für autistische Schüler sind wesentliche Schritte. Schulen können Veranstaltungen zur Sensibilisierung für Autismus organisieren, Gastredner einladen und die Aufklärung über Autismus in ihre Lehrpläne integrieren, um das Verständnis und die Akzeptanz bei den Schülern zu fördern.

Auch Arbeitsplätze müssen inklusiv sein. Zur Förderung des Bewusstseins und der Akzeptanz von Autismus am Arbeitsplatz gehört die Bereitstellung von Schulungen für Mitarbeiter und Führungskräfte, die Umsetzung inklusiver Einstellungspraktiken sowie die Bereitstellung von Unterkünften und Unterstützung für autistische Mitarbeiter. Die Schaffung einer Arbeitsplatzkultur, die Vielfalt und Inklusion wertschätzt, kann zu einem unterstützenderen Umfeld für alle führen.

Gemeinschaftsorganisationen wie Bibliotheken, Gemeindezentren und religiöse Institutionen können Veranstaltungen und Aktivitäten veranstalten, die das Bewusstsein für Autismus fördern. Dazu können Informationsveranstaltungen, Selbsthilfegruppen, sensorische Veranstaltungen und inklusive Freizeitaktivitäten gehören. Die Einbeziehung der breiteren Gemeinschaft in diese Bemühungen trägt zum Aufbau eines Netzwerks der Unterstützung bei und fördert das Zugehörigkeitsgefühl autistischer Menschen und ihrer Familien.

Schaffung von Unterstützungsnetzwerken für autistische Frauen

Unterstützungsnetzwerke sind für das Wohlbefinden autistischer Frauen von entscheidender Bedeutung. Diese Netzwerke bieten emotionale Unterstützung, praktische Ratschläge und ein Gemeinschaftsgefühl. Beim Aufbau von Unterstützungsnetzwerken geht es darum, mit anderen autistischen Frauen, Verbündeten und Fachkräften in Kontakt zu treten, die die besonderen Herausforderungen autistischer Frauen verstehen und angehen können.

Online-Communities und Social-Media-Gruppen bieten zugängliche Plattformen für den Aufbau von Unterstützungsnetzwerken. Diese Gemeinschaften ermöglichen es autistischen Frauen, Erfahrungen auszutauschen, Fragen zu stellen und sich gegenseitig zu unterstützen. Online-Foren, Facebook-Gruppen und spezielle Websites wie Wrong Planet und das Autism Women's Network sind wertvolle Ressourcen.

Lokale Selbsthilfegruppen und Treffen bieten Möglichkeiten für persönliche Kontakte. Diese Gruppen können von Autismus-Organisationen, Gemeindezentren oder sogar Einzelpersonen organisiert werden. Regelmäßige Treffen und Aktivitäten fördern das Zusammengehörigkeitsgefühl und bieten einen sicheren Raum, um Herausforderungen zu besprechen und Erfolge zu feiern.

Auch professionelle Unterstützung ist wichtig. Der Aufbau eines Netzwerks von Fachleuten, darunter Therapeuten, Ärzte, Pädagogen und Anwälte, kann autistischen Frauen die Ressourcen und Anleitung bieten, die sie benötigen. Für eine wirksame Unterstützung ist es von entscheidender Bedeutung, Fachkräfte zu suchen, die sich mit Autismus auskennen und auf die besonderen Bedürfnisse autistischer Frauen eingehen.

Mentoring-Programme können unglaublich nützlich sein. Der Kontakt zu Mentoren, die ähnliche Erfahrungen gemacht und ähnliche Herausforderungen gemeistert haben, kann wertvolle Erkenntnisse und Ermutigung liefern. Mentoren können Beratung zu verschiedenen Aspekten des Lebens anbieten, darunter Bildung, Karriere, Beziehungen und Selbstfürsorge.

Zusammenfassend lässt sich sagen, dass die Förderung von Bewusstsein und Akzeptanz und der Aufbau integrativer Gemeinschaften die Aufklärung der Öffentlichkeit, die Schaffung eines unterstützenden Umfelds in Schulen und am Arbeitsplatz sowie die Einbindung von Gemeinschaftsorganisationen erfordern. Zur Schaffung von Unterstützungsnetzwerken für autistische Frauen gehört die Verbindung über Online-Communities, lokale Selbsthilfegruppen, berufliche Netzwerke und Mentoring-Programme. Diese Bemühungen tragen zu einer integrativeren, unterstützenderen und verständnisvolleren Gesellschaft für autistische Frauen und die breitere autistische Gemeinschaft bei.

Kapitel 12

Persönliche Geschichten und Triumphe

Erfahrungen aus dem wirklichen Leben

<u>Inspirierende Geschichten von autistischen Frauen teilen</u>

Persönliche Geschichten haben die Kraft, zu inspirieren, aufzuklären und Verbindungen zu fördern. In diesem Abschnitt befassen wir uns mit dem Leben mehrerer autistischer Frauen, die sich verschiedenen Herausforderungen gestellt haben und gestärkt daraus hervorgegangen sind. Ihre Erfahrungen unterstreichen die Vielfalt innerhalb des Autismus-Spektrums und zeigen, dass jede Reise einzigartig ist und sowohl mit Hürden als auch mit Triumphen gefüllt ist.

Lernen Sie Sarah kennen, eine 32-jährige Softwareentwicklerin. Sarah wurde im Alter von 29 Jahren diagnostiziert und verbrachte die meiste Zeit ihres Lebens mit dem Gefühl, fehl am Platz zu sein. Ihre High-School-Jahre waren besonders herausfordernd; Sie hatte Schwierigkeiten mit sozialen Interaktionen und fühlte sich oft von Sinneseindrücken überwältigt. Nach Jahren voller Fehldiagnosen und Missverständnisse erhielt Sarah schließlich die Diagnose Autismus. „Es war, als ob eine Glühbirne ausgegangen wäre", erinnert sie sich. Das Verständnis ihres Zustands ermöglichte es Sarah, angemessene Unterstützung und Unterkunft zu suchen. Sie schloss sich Online-Communities an, fand einen auf Autismus spezialisierten Therapeuten und begann, ihre Identität anzunehmen. Heute zeichnet sich Sarah durch ihre ausgeprägte Liebe zum Detail und ihre Problemlösungsfähigkeiten in ihrer Karriere aus. Ihr Rat an andere: „Hören Sie nie auf, für sich selbst einzustehen. Ihre Unterschiede sind Ihre Stärken."

Eine weitere inspirierende Geschichte stammt von Rachel, einer 45-jährigen Künstlerin. Rachel wurde Anfang 40 diagnostiziert, nachdem bei ihrer Tochter Autismus diagnostiziert worden war. Als Rachel über ihr Leben nachdachte, wurde ihr klar, dass viele ihrer Probleme denen ihrer Tochter entsprachen. Als Kind wurde sie oft als „schüchtern" oder

„schwierig" bezeichnet. Die Schule war aufgrund unerkannter sensorischer Empfindlichkeiten und Schwierigkeiten mit sozialen Normen ein Albtraum. Ihre Diagnose brachte jedoch Klarheit und Selbstakzeptanz. Rachel hat ihre Erfahrungen in ihre Kunst einfließen lassen und Stücke geschaffen, die ihre Sinneswelt widerspiegeln. Ihre Arbeiten wurden in zahlreichen Galerien ausgestellt und sie spricht oft auf Kunstveranstaltungen über Autismus. Ihre Botschaft: „Unsere Sinneserfahrungen können eine Quelle der Kreativität und Einsicht sein. Nehmen Sie sie an."

Emmas Geschichte ist ebenso fesselnd. Emma, eine 27-jährige Fürsprecherin und Autorin, erhielt die Diagnose im Alter von 25 Jahren. Vor ihrer Diagnose litt sie unter starken Angstzuständen und Depressionen und hatte oft das Gefühl, dass sie nirgendwo hinpasste. Das College war ein Kampf, wobei das unstrukturierte Umfeld ihre Schwierigkeiten noch verschärfte. Nach der Diagnose fand Emma eine Gemeinschaft autistischer Frauen, die ähnliche Erfahrungen teilten. Sie begann über Autismus zu schreiben und teilte ihre Reise und

Erkenntnisse. Ihr Blog gewann eine große Fangemeinde und sie wurde zu einer gefragten Rednerin. Emmas Rat: „Es ist entscheidend, die eigene Community zu finden. Es gibt andere da draußen, die dich verstehen und dich unterstützen."

Diese Geschichten verdeutlichen, wie wichtig es ist, Autismus zu verstehen und zu akzeptieren. Sie zeigen, dass autistische Frauen mit der richtigen Unterstützung und Selbstvertretung Großes erreichen und ein erfülltes Leben führen können.

Erfolg und Fortschritt feiern

<u>Erfolge anerkennen und feiern</u>

Erfolge zu feiern und Fortschritte anzuerkennen ist entscheidend für das Selbstwertgefühl und die Motivation. Für autistische Frauen, die oft vor besonderen Herausforderungen stehen, können diese Feierlichkeiten besonders bedeutsam sein. In diesem Abschnitt wird betont, wie wichtig es ist, sowohl große als auch kleine Siege anzuerkennen und wie diese Feierlichkeiten ein positives Selbstbild fördern und kontinuierliches Wachstum fördern können.

Der Erfolg einer autistischen Frau kann viele Formen annehmen. Beispielsweise ist Sarahs berufliche Beförderung ein bedeutender Meilenstein. Es spiegelt nicht nur ihre berufliche Kompetenz wider, sondern auch ihre Fähigkeit, sich in einem herausfordernden Umfeld zurechtzufinden und sich für ihre Bedürfnisse einzusetzen. Mit der Feier dieser Leistung würdigt Sarah ihre harte Arbeit und Ausdauer. Es ist eine Erinnerung daran, dass ihr Autismus, zu dem Stärken wie Liebe zum Detail und analytisches Denken gehören, eine Bereicherung für ihre Karriere ist.

Rachels Kunstausstellungen sind ein weiteres Beispiel für den Erfolg. Jede Ausstellung stellt ihre Fähigkeit dar, persönliche Erfahrungen in allgemein verständliche Kunst zu verwandeln. Bei diesen Veranstaltungen geht es nicht nur darum, ihr Talent zur Schau zu stellen, sondern auch darum, das Bewusstsein und das Verständnis für Autismus zu schärfen. Durch die Feier ihrer Kunst stärkt Rachel ihre Identität und wertet ihre Sinneserfahrungen als wertvoll und bedeutungsvoll aus.

Für Emma ist jeder Vortrag und jeder Blogbeitrag ein Triumph. Ihre Geschichte zu teilen und sich für andere einzusetzen, erfordert Mut und Belastbarkeit. Jedes positive Feedback, das sie erhält, ist eine Würdigung ihrer Wirkung auf andere. Es ist eine Anerkennung ihrer Entwicklung von jemandem, der mit Selbstakzeptanz zu kämpfen hatte, zu einer selbstbewussten Fürsprecherin und Autorin. Das Feiern dieser Momente hilft Emma und ihren Anhängern, die Fortschritte zu erkennen, die durch Selbsterkenntnis und Unterstützung durch die Gemeinschaft erzielt werden können.

<u>Nachdenken über Wachstum und Blick in die Zukunft</u>

Das Nachdenken über das persönliche Wachstum ist entscheidend, um die eigene Reise zu verstehen und zukünftige Schritte zu planen. Für autistische Frauen kann diese Reflexion Aufschluss darüber geben, wie weit sie gekommen sind und welche Strategien am effektivsten waren.

Sarah denkt über ihren Weg vom Gefühl des Unverstandenen zum Erfolg in ihrer Karriere nach. Sie erkennt an, dass die Suche nach einer Diagnose und das Eintreten für betriebliche Anpassungen entscheidende Momente waren. Ihre Reflexion hilft ihr, die Fähigkeiten und Strategien zu identifizieren, die funktioniert haben, wie zum Beispiel strukturierte Umgebungen und klare Kommunikation. Mit Blick auf die Zukunft plant Sarah, andere autistische Frauen im technischen Bereich zu betreuen und ihnen bei der Bewältigung ähnlicher Herausforderungen zu helfen.

Rachels Reflexion über ihre künstlerische Reise zeigt ihr, wie die Auseinandersetzung mit ihren Sinneserfahrungen zu beruflichem Erfolg führte. Indem sie ihr Wachstum anerkennt, versteht Rachel, wie wichtig Selbstdarstellung und Unterstützung durch die Gemeinschaft sind. In Zukunft möchte sie ihre Lobbyarbeit ausweiten und mit ihrer Kunst die Akzeptanz von Autismus weiter fördern.

Emmas Reflexion über ihr Engagement unterstreicht die Kraft des Geschichtenerzählens und der Gemeinschaft. Sie sieht den Fortschritt in ihrem Selbstvertrauen und die Wirkung ihrer Arbeit auf andere. Emma plant, ihre Interessenvertretung fortzusetzen und sich auf die Schaffung von Ressourcen für spät diagnostizierte autistische Frauen zu konzentrieren. Sie träumt davon, ein Buch zu schreiben, das die Erfahrungen und Strategien autistischer Frauen aus aller Welt zusammenfasst.

Zusammenfassend lässt sich sagen, dass persönliche Geschichten und Erfolge für das Verständnis der vielfältigen Erfahrungen autistischer Frauen unerlässlich sind. Indem wir diese Geschichten teilen, Erfolge feiern und über Wachstum nachdenken, können wir andere inspirieren und eine unterstützende, verständnisvolle Gemeinschaft fördern. Dieses Kapitel unterstreicht die Bedeutung von Selbstvertretung, Gemeinschaft und Belastbarkeit für die Schaffung eines Lebens voller Sinn und Bedeutung für autistische Frauen.